Felix Studer-Wehren

Was Gott mir zutraut

Felix Studer-Wehren

Was Gott mir zutraut

Texte, die Mut machen. Inspirierende Predigten, Lyrik und ein Märchen im Spannungsfeld zwischen Zutrauen und Zumutung

Fromm Verlag

Impressum / Imprint
Bibliografische Information der Deutschen Nationalbibliothek: Die Deutsche Nationalbibliothek verzeichnet diese Publikation in der Deutschen Nationalbibliografie; detaillierte bibliografische Daten sind im Internet über http://dnb.d-nb.de abrufbar.
Alle in diesem Buch genannten Marken und Produktnamen unterliegen warenzeichen-, marken- oder patentrechtlichem Schutz bzw. sind Warenzeichen oder eingetragene Warenzeichen der jeweiligen Inhaber. Die Wiedergabe von Marken, Produktnamen, Gebrauchsnamen, Handelsnamen, Warenbezeichnungen u.s.w. in diesem Werk berechtigt auch ohne besondere Kennzeichnung nicht zu der Annahme, dass solche Namen im Sinne der Warenzeichen- und Markenschutzgesetzgebung als frei zu betrachten wären und daher von jedermann benutzt werden dürften.

Bibliographic information published by the Deutsche Nationalbibliothek: The Deutsche Nationalbibliothek lists this publication in the Deutsche Nationalbibliografie; detailed bibliographic data are available in the Internet at http://dnb.d-nb.de.
Any brand names and product names mentioned in this book are subject to trademark, brand or patent protection and are trademarks or registered trademarks of their respective holders. The use of brand names, product names, common names, trade names, product descriptions etc. even without a particular marking in this work is in no way to be construed to mean that such names may be regarded as unrestricted in respect of trademark and brand protection legislation and could thus be used by anyone.

Coverbild / Cover image: www.ingimage.com

Verlag / Publisher:
Fromm Verlag
ist ein Imprint der / is a trademark of
OmniScriptum GmbH & Co. KG
Heinrich-Böcking-Str. 6-8, 66121 Saarbrücken, Deutschland / Germany
Email: info@frommverlag.de

Herstellung: siehe letzte Seite /
Printed at: see last page
ISBN: 978-3-8416-0486-6

Unserer tragfähigen Familie

Vertrauen verändert den Menschen zum Guten – an Stelle einer Einleitung

Gott vertraut dir trotz und mit deinen Fehlern.
Du wirst nie fehlerlos werden,
du brauchst auch nicht ein guter Mensch zu werden.
Sei nur ein geliebter Mensch.
Bei ihm musst du nicht gut sein, denn er ist gut.
Sein Vertrauen zu Überforderten heilt Überforderte.
Er vertraut dir so, dass er dir viel zutraut und zumutet.
Dabei überfordert sein Vertrauen dich nicht.

Inhaltsverzeichnis

Jugendliche brauchen Vorbilder, die an sie glauben.

So erfahren sie, dass Gott an sie glaubt.

So erfahren sie Gott und glauben.

Allem gewachsen

Alles vermag ich durch den, der mich stark macht.
(Philipper 4, 13 Zürcher Bibel)

Dieser Text begleitet mich schon mein ganzes Erwachsenenleben; er war mein Konfirmations-Vers. Alles ist mir möglich, ich kann alles, allem bin ich gewachsen... das passt gut für einen 16-Jährigen. Die Welt steht dir offen. Du kannst es!

Paulus hat den Text am Ende des Briefs an die Philipper aus Dankbarkeit für eine Spende, für den persönlichen Unterhalt, geschrieben. Die Gemeinde unterstützt Missionare und wird dadurch selbst gesegnet. Das ist ein Geheimnis des Gemeindewachstums: Missionare aussenden, begleiten, unterstützen. Der Segen fliesst auf die Gemeinde zurück. Die Vision der Gemeinde weitet sich, die Prioritäten werden verschoben hin zu den Prioritäten von Gott. Wie beiläufig verrät Paulus den Philippern dabei eine zentrale Lebensstrategie. *„Ich weiss in Niedrigkeit zu leben, ich weiss auch Überfluss zu haben; in alles und jedes bin ich eingeweiht, sowohl satt zu sein, als zu hungern, sowohl Überfluss zu haben, als Mangel zu leiden. Alles vermag ich durch den, der mich stark macht“* (Philipperbrief 4, 12-13 Zürcher Bibel, in der Folge: ZüB).
Wie kann das Leben gelingen? Wie werde ich zufrieden, zu-Frieden? Aufgepasst, da steckt eine geballte Ladung Lebenskraft drin!

Ich drehe die Frage zuerst um, sozusagen **Lektion 1**: Wie werde ich **un**zufrieden und **un**glücklich? Unglücklich werde ich – und das ist ein todsicheres Rezept – wenn ich Angst habe, zu kurz zu kommen, etwas zu verpassen. Alle haben eine gerade Nase, nur ich nicht. Alle haben einen Roller, nur ich nicht. Alle haben einen Freund, eine Freundin, nur ich nicht. Alle haben.... (bitte persönlich ausfüllen).
Soweit, so gut. Hinter dieser doch recht weit verbreiteten Haltung steht die Einstellung des verwöhnten Kinds: Eigentlich habe ich Anrecht auf..., aber irgendjemand gönnt es mir nicht. Das ist gemein. Ich bin frustriert. Ich werde ungerecht behandelt. Ich bin unglücklich. So einfach ist das.

Jetzt folgt **Lektion 2**: Das Zufrieden-Sein, das Glücklich-Sein. Am Anfang steht eine Umpolung im Denken: Nicht „Ich komme zu kurz“, sondern „Gott ist gut. Gott will das Beste für mich." Und das gilt unabhängig von meinen Stimmungen, unabhängig von den äusseren Umständen. Diese Haltung, dieses Wissen ist uns nicht angeboren, auch Paulus musste es lernen: *„Ich weiss in Niedrigkeit zu leben, ich weiss auch Überfluss zu haben; in alles und jedes bin ich eingeweiht, sowohl satt zu sein, als zu hungern, sowohl Überfluss zu haben, als Mangel zu leiden"* (Philipper 4, 12 ZüB). Paulus kennt das ganze Leben. Er will nicht nur *etwas* haben vom Leben, er will das *Leben* haben. Das ganze Leben, das ist Freude und Trauer, satt und hungrig, Überfluss und Mangel.

Mein Lieblingssport ist das Rudern. Kürzlich ruderten wir zu viert in einem Boot, flussabwärts, gemütlich mit etwa 10 km/h. Hinzu kamen in engen Flussabschnitten 8km/h Fliessgeschwindigkeit des Flusses, das macht zusammen 18km/h; das Ufer schiesst vorbei, kein Jogger auf dem Uferweg hält da lange mit. Nach einer halben Stunde ging es dann zurück, flussaufwärts. Das bedeutete bei grösserem Krafteinsatz: Etwa 11km/h minus 8 km/h Fliessgeschwindigkeit, das ergibt gegenüber dem Ufer gerade noch ein Tempo von 3 km/h, die Jogger bleiben stehen und sehen mitleidig lächelnd zu. Im Sport ist es selbstverständlich, sich manchmal durchzubeissen. Aber im Leben?
„Nur nicht auf meinen Komfort verzichten müssen" – und schon verpassen wir die Hälfte unseres Lebens. Nur keine Einschränkungen bei Wohnqualität, Mobilität oder Energieversorgung – und schon zerstören wir die Hälfte unseres Planeten. Wer Angst hat, zu kurz zu kommen, beginnt gierig zu raffen, will absolute Sicherheit, verbraucht mehr als andere – auch auf Kosten der anderen Länder und Menschen. In der Angst um die Sicherheit oder Versorgungssicherheit sind wir Schweizer Weltmeister. Es könnte durchaus sein, dass Gott uns auch mal die andere Seite des vollen Lebens zeigen möchte. Würden wir ihm das erlauben, ohne uns von ihm abzuwenden? Oder ist Gott nur unser Gott, solange er uns Wohlstand beschert? Die weltweite Realität ist anders. Die wachsenden Gemeinden befinden sich in den ärmsten Ländern. Uns kann aber geholfen werden: Missionare, die aus ärmeren Ländern zu uns kommen, können uns dabei helfen, wahren Hunger und wahre Not nicht aus den Augen zu verlieren. Mit anderen Worten: Gott darf uns auch Unangenehmes, sogar Schweres zumuten. Gott darf das. Er will uns damit nicht zugrunde richten. Wir können sogar daran wachsen. Dankbar geniessen können wir dann besonders, wenn wir schon Mangel-Erfahrungen gemacht haben.

Glücklich-Sein bedeutet: Das *ganze* Leben erfahren, Mangel und Überfluss erleben, flussabwärts und flussaufwärts rudern.
Wie gut eine Orange sein kann, habe ich als 19-Jähriger auf einer Hochgebirgstour zum Ewigschneehorn im Berner Oberland gemerkt. Da hatte ich so wahnsinnig Durst, doch es gab noch keine Rast. Aber mein Seilkamerad reichte mir eine Orange. War die saftig und gut!
Wie gut Schokolade und auch Käsefondue sein können, habe ich erst in Südamerika gelernt, als ich auf beides monatelang verzichten musste.
Wie tief ich meine Mutter geliebt habe, das habe ich als 22-Jähriger erfahren, als sie nach einem Unfall gestorben ist. Liebe kann unvorstellbar schmerzhaft sein. Das nimmt ihr nichts von ihrem Wert, es kann den Wert sogar noch erhöhen. Und die erlittene Verlust-Erfahrung macht mich umso dankbarer für die mir neu geschenkte Liebe in meiner Ehe und Familie.

Alles vermag ich durch den, der mich stark macht. Allem bin ich gewachsen, weil Christus mich stark macht. Das ist **Lektion 3**: Nicht meine Kraft, sondern die Kraft von Christus zählt. Fühle ich mich unfähig, den Iron-Man meines Lebens zu bewältigen? Wie kann ich mit einer Krankheit umgehen? Schaffe ich die Prüfung? Schaffe ich die Arbeitsfülle? Wie soll ich die oder den akzeptieren, der mir übel mitgespielt hat?
Wer liebt, lebt. Engagierte Liebe können wir aber nicht selbst produzieren. Gott liebt dich. Gott lebt für dich. Das macht dich und mich fähig, auch zu lieben. Inneres Mitgehen, Mitleiden, uns Mitfreuen, das empfinden wir gegenüber Menschen, die wir gerne haben. Je lieber wir eine oder mehrere Personen haben, desto engagierter leben wir. Das ist das Gegenteil des Drehens um sich selbst. Wenn ich mich vor dem Sterben zurückdrehe, will ich *nicht* resigniert feststellen müssen: „Ich habe mein Leben verspielt.“ Ich will sagen können: „Ich habe geliebt.“ Ich muss mich nicht anstrengen zu lieben, damit Gott mich annimmt. Ich muss nicht gut sein, damit Gott mich akzeptiert. Ich muss nicht asketisch leiden, damit ich Gott gefalle. Weil er mich bereits angenommen hat, werde ich erst fähig, mich und andere anzunehmen. Weil er mich mit allen meinen Macken akzeptiert, werde ich erst fähig, meine eigenen Schwächen und die Schwächen der Mitmenschen zu akzeptieren. Weil ich ihm einfach so gefalle, werde ich auch bereit und fähig zu leiden, wenn Liebe auch Leiden oder Mitleiden bedeutet. Das *ganze* Leben, das kann auch ein Leben mit Grenzen und Einschränkungen sein.

Es ist wie mit der Freiheit: Ganz frei bin ich erst in einer freiwillig eingegangenen Bindung. In einer Bindung kann ich ganz mich selbst sein, mit allen meinen Macken. Ich muss nicht mehr darum kämpfen, geliebt zu werden. Ich muss nicht in falschem Schein glänzen. Ich kann frei sein, mich selbst sein, wenn ich mich an jemanden gebunden habe. Das gilt für meine Bindung an Gott und für meine Bindung an Menschen. Lieben kann ich, wenn ich mich aus freier Entscheidung an Gott binde. Dann erst weiss ich, dass ich ganz und gar angenommen bin.

Wir kommen zu einer Kurzrepetition der ‚Lektionen 1-3':
Lektion 1: Menschen haben Angst, etwas zu verpassen, Angst zu kurz zu kommen, haben Bedenken, individuell oder als Schweizer benachteiligt zu werden, plötzlich zu wenig zu haben. „Das ist gemein, ich habe doch Anrecht auf einen gesunden Körper, auf unbeschränkten Energiekonsum, auf bedingungslose Zuwendung." Das ist unser Ego-Zentrismus. Bildet diese Haltung die Lebensstrategie, werden wir unzufrieden, unglücklich und wir drehen um uns selbst.
Lektion 2: Gott will das Beste für mich. Das beinhaltet das ganze Leben, Überfluss und Einschränkungen, flussabwärts und flussaufwärts zu rudern. Wer liebt, freut sich mit und leidet mit. Liebe bedeutet Glück und Schmerz. Leben bedeutet Freude und Trauer. Das ganze Leben haben, nicht nur *etwas* vom Leben haben wollen.
Lektion 3: Nicht mit meiner Kraft, aber mit der Kraft von Christus. Zufriedenes Leben ist geschenktes Leben. Wer beschenkt worden ist, schenkt gerne weiter. Wer sich geliebt weiss, kann lieben. Wer lieben kann, wird auch bereit zu leiden.
Zum Abschluss lese ich für uns alle einen Segen aus der Bibel, aus dem gleichen Kapitel 4 des Philipperbriefs.

„Freut euch im Herrn allezeit, nochmals sage ich: Freut euch! Lasst alle Menschen eure Freundlichkeit spüren! Der Herr ist nahe. Sorgt euch um nichts, sondern wendet euch in allem mit euren Bitten dankbar an Gott, im Gebet und im Flehen. Und der Friede Gottes, der über allen Verstand hinausgeht, wird eure Herzen und eure Gedanken bewahren in Christus Jesus" (Philipper 4, 4-7).

Amen.

Alles

Ich will etwas vom Leben haben
Etwas ist etwas wenig

Soll ich das Leben haben
Das Leben das ganze Leben

So ist das ganze Leben alles
Alles ist Freude und Schmerz

Alles ist König und Bettler
Alles ist Überfluss und Mangel

Alles ist Frieden im Schweren
Alles ist Leben im Tod

Alles ist alles
Alles ist zu schwer für mich

Alles vermag ich durch ihn
In Allem getragen in ihm

Sorgen entsorgen

„Werft alle eure Sorgen auf ihn, er sorgt für euch. Seid nüchtern und wachsam. Euer Gegner, der Teufel, geht herum wie ein brüllender Löwe und sucht, wen er verschlingen kann. Leistet ihm Widerstand und bleibt fest im Glauben, da ihr wisst, dass eure Geschwister in der ganzen Welt die gleichen Leiden durchmachen.“ (1. Petrusbrief 5, 7-9)

Ist Ihnen schon aufgefallen, dass die beiden Sätze zusammengehören? *„Werft alle eure Sorgen auf ihn, denn er sorgt für euch.“* Das gehört zu: *„Euer Gegner, der Teufel, geht herum wie ein brüllender Löwe und sucht, wen er verschlingen kann.“*

Sorgen verschlingen mich – haben Sie das auch schon erlebt? Das einschüchternde Gebrüll ist zuerst einmal das Gebrüll der alles lähmenden Sorgen. In dieser Sprache brüllt der Löwe.

Da war zu alttestamentlichen Zeiten ein junger Mann, der gewaltige Sorgen hatte; Gideon war sein Name. Gideon, der jüngste Sohn in der kleinsten Familie im Stamm Manasse. Warum er sich Sorgen machte? Nun, seit sieben Jahren fielen die Midianiter, ein Nomadenstamm aus dem Gebiet des heutigen Jordanien, regelmässig zur Zeit der Ernte in Israel ein und raubten oder vernichteten sowohl das Getreide als auch die Viehherden. Und jetzt?

Jetzt sehen wir den Jüngling Gideon, der hastig in einem Versteck Weizen ausklopft, schnell, bevor die Midianiter wieder kommen und alles verwüsten. Da spricht ihn plötzlich ein Fremder an: *„Der Herr ist mit dir, du starker Held.“* Wer, ich, ein starker Held? Und wenn der Herr mit uns wäre, dann würden nicht unsere Bedränger alles zerstören, seit sieben Jahren schon! Wo sind alle die Wunder von Gott, von denen uns unsere Väter erzählten?

Der Fremde entgegnet ihm ruhig: *„Gehe hin in dieser deiner Kraft und du wirst Israel aus der Hand der Midianiter retten.“* Was, ich, der Jüngste in meinem Haus? Der Fremde gibt sich als Engel Gottes zu erkennen: *„Wenn ich mit dir bin, wirst du die Midianiter schlagen wie einen Mann.“* (aus Richter 6, 12-16 ZüB)

Ein sorgenvoller Gideon, kein Held, aber einer, der vom Herrn angesprochen wird. Dabei zweifelt er. Er tritt aber ins Gespräch ein, er betet; er verlangt ein Zeichen von diesem Engel, ein Zeichen, dass der wirklich von Gott kommt, man weiss ja nie. Gott gewährt ihm das Zeichen, er lässt Feuer aus dem Fels fahren.

Nun, ein erfülltes Gebet ist meist verbunden mit einem Auftrag. *„Gehe hin in dieser deiner Kraft“* (Richter 6, 14a ZüB). Gottes Eingreifen bewirkt Veränderungen im Leben Gideons. Und das Wahrnehmen des Auftrags ist sein Beitrag zu dieser Veränderung. Nun geht es um die Zurüstung zum Dienst. Als erstes bekommt Gideon einen äusserst unbequemen Auftrag: „Reisse den Götzenaltar, den Baalsaltar deines Vaters ein!“ Tja, so beginnt also der Auftrag, der Kampf gegen die Midianiter: Zuerst die Götzen im eigenen Leben umhauen. So ganz im Sinn von Jeremias Gotthelf: *„Zuhause muss beginnen, was leuchten soll im Vaterland.“* Nur hätten die Nachbarn den Gideon fast umgebracht wegen dieser Nacht- und Nebel-Aktion. Erst als Gideons Vater ruft, die umgehauenen Götter mögen sich doch selbst wehren und rächen, da fügt die Menge sich dieser Logik und lässt von Gideon ab.

Das ist Gideons „Coming-out“. Er ist hervorgetreten aus der Menge der Angepassten und Resignierten. Er ist nicht beim Niederreissen geblieben. Wir lesen: *„Da kam auch schon der Geist des Herrn über Gideon.“* (Richter 6, 34 ZüB) Wörtlich besagt der hebräische Urtext: *„Gottes Geist bekleidete sich mit Gideon.“* Gideon ist das Kleid, in welchem Gottes Geist handelt. So schickt er durch Gideon Boten in die Nachbarstämme und ruft zum Widerstand gegen die Unterdrücker auf.

Plötzlich kommen in Gideon aber wieder die alten Zweifel auf: Könnte ich mich getäuscht haben? Steht Gott mir wirklich bei? Er verlangt wieder ein Zeichen der Zuwendung Gottes. Er betet: *„Nun denn, ich lege da einen Haufen Wolle auf die Tenne: fällt dann bloss auf die Wolle Tau, während der Boden ringsum trocken bleibt, so weiss ich, dass du Israel durch meine Hand erretten willst, wie du verheissen hast“* (Richter 6, 37 ZüB). Am nächsten Morgen presst Gideon eine ganze Schale voll Tauwasser aus der Wolle; der Boden ringsherum ist trocken geblieben. Am nächsten Morgen, so Gideons Bitte, soll die Wolle trocken und der Boden ringsherum taunass sein. Auch dieses Zeichen gewährt ihm Gott.

Wir lesen von Gideon aber nicht, dass er später je wieder Wolle ausgelegt hätte. Dieses Vorgehen markiert nur die Anfangsphase seiner geistlichen Entwicklung. Gott lässt sich nicht manipulieren, lässt sich nicht zu solchen Experimenten zwingen. Das gilt auch für unsere Unterhaltungen mit Gott. Es gibt bei Gott keine erlernbare Technik, auch keine Gebetstechnik, die wir nach erfolgter Erhörung zur funktionierenden Methode erklären könnten. Ansprüche haben wir vor Gott keine geltend zu machen. Sein Eingreifen bleibt stets Gnade, Geschenk. Er kann Gebete erhören; solch ein Erlebnis ist dann wie ein Blitz in der Nacht. Die ganze Landschaft erscheint plötzlich in hellem Licht und der Weg liegt klar vor uns. Im Alltag sieht der Weg mit Gott anders aus: Wie unterwegs sein in der Morgendämmerung: Konturen erkennen, immer klarer, langsam, noch in der Dunkelheit, hineinwachsen in seinen Willen, in sein Licht. Auf dem Weg gehen, der noch nicht hell vor uns liegt, um dessen Ziel wir erst im Glauben wissen.

Nun, es ist verständlich, dass Gideon in seiner jugendlichen Unsicherheit Blitze brauchte, taghelle, klare Führung, eben diese Sache mit der Wolle. Auch kennen viele die Frage, ob wir Gottes Willen wohl richtig verstanden haben. Dahinter steht häufig die Angst, eine falsche Entscheidung zu treffen – und die Angst, dass es danach kein Zurück mehr geben könnte. Steckt dahinter ein Misstrauen gegenüber Gott? Das Misstrauen, er könnte uns in die Irre laufen lassen? Steckt dahinter gar die Angst vor einer Strafe, wenn wir seinen Willen in der Dämmerung nicht richtig erkennen sollten? Gott ist anders. Er kann uns Menschen gebrauchen mit all unseren Umwegen. Er gewährt uns auch eine freie Entscheidung zwischen mehreren gleich guten Möglichkeiten, Wegen oder Weichenstellungen in unserem Leben. Wir können immer wieder wählen zwischen mehreren Möglichkeiten, zu denen Gott „Ja" sagt. Nicht immer will er von uns die schwierigste Variante. Und er begleitet uns auf jedem dieser Wege und Umwege. Wenn nötig hat Gott ja auch die Möglichkeit, eine Tür vor uns zu verschliessen.

So geschieht es auch bei Gideon, der auf Nummer sicher gehen will und 32'000 Mann aufbietet. Nach der anfänglichen Ängstlichkeit steht Gideon in der Gefahr, seinen Beitrag, seinen eigenen menschlichen Beitrag, zu stark zu gewichten. Da gibt Gott ein Haltesignal: Er lässt Gideon die Truppe reduzieren; zuerst auf 10'000 Mann, dann, kurz vor der Begegnung mit den Midianitern gar auf 300 Mann. Und gerade jetzt lässt Gott ihm die

Wahl: *„Steh auf und brich ins Lager ein; denn ich habe es in deine Hand gegeben. Fürchtest du dich aber, einzubrechen, so geh vorerst einmal mit deinem Burschen Pur hinab zum Lager und horche, was sie reden. Dann wirst du den Mut finden, ins Lager einzubrechen"* (Richter 7, 9-11a ZüB). Gideon kann selbst entscheiden zwischen zwei gleich guten Möglichkeiten. Offenbar ist für Gott der eigene Wille der Menschen etwas Wichtiges.

Gideon hat Angst. Er geht deshalb heimlich hinunter ins Lager der Midianiter, die so zahlreich wie ein Heuschreckenschwarm in der Ebene lagern. Dort hört er, wie ein Midianiter dem andern seinen Traum erzählt und der andere ihn deutet: Gott habe sie, die Midianiter, in die Hand Gideons gegeben. Erst jetzt wagt es Gideon. Mit Posaunen, Krügen und Fackeln umstellt er das Lager der Feinde und ruft den Sieg Gottes aus. Im Lager ist die Verwirrung gross und die Midianiter bringen sich gegenseitig um. Gideon braucht selbst nicht einmal zu kämpfen.

Wer sich selbst nicht als Held sieht, eher als Zweifler, ist bei dieser Geschichte angesprochen. Jeder hat die Chance, der Stimme des Engels mehr Raum zu geben als der Stimme des brüllenden Angst-Löwens. Der erste Sieg in Gideons Leben war der Sieg über die eigene Resignation. Gideons Geschichte ist eine Illustration dafür, was es heisst, alle Sorge auf Gott zu werfen, weil dieser für ihn sorgte. Im Hebräerbrief 11, 32-34 wird Gideon als Glaubensheld aufgezählt, der aus Schwachheit zur Kraft kam.

In Offenbarung 3, 8 (ZüB) steht im Sendschreiben an die Gemeinde in Philadelphia: *„Ich weiss deine Werke. Siehe, ich habe bewirkt, dass vor dir eine Tür offensteht, die niemand schliessen kann; denn du hast geringe Kraft, und hast (trotzdem) mein Wort bewahrt und meinen Namen nicht verleugnet."*

Amen.

Nach dem Löwengebrüll

Hast du geweint,
zittern deine Lippen noch leise?
Darf ich dich halten,
lehnst du dich an mich?
Das Gewicht deines Kummers
kann ich so nur fassen.
Dein Haar streiche ich dir aus der Stirn,
deiner trotzigen Stirn.
Du hast geweint.
Bist du erschrocken?
Bist du gestrauchelt
an dunklem Abgrund,
über lähmender Leere geschwebt?
Spürst du nun den Boden,
den Boden meiner Treue neu?
Du hast geweint,
darum bin ich bei dir, mein Kind.

Vertrauen als Risiko-Investition?

„Fordere viel von dir selbst und erwarte wenig von anderen. So bleibt dir mancher Ärger erspart." (Konfuzius, Quelle unbekannt)

Der Satz des chinesischen Weisheitslehrers und Religionsbegründers Konfuzius leuchtet ja irgendwie ein, auch wenn dieser ihn ursprünglich in Bezug auf Massnahmen zur Verbesserung des Staats geäussert hat. Wenig Gutes zu erwarten, das bewahrt vor mancher Enttäuschung.

Im Garten Gethsemane bittet Jesus seine besten Freunde inständig: *„Bleibet hier und wachet mit mir."* Jetzt würde er seine Freunde am meisten brauchen. Und er wird dabei enttäuscht. Er findet die Jünger schlafend und sagt zu Petrus: *„So wenig vermochtet ihr,* ***eine*** *Stunde mit mir zu wachen"* (Matthäus 26, 38 + 40 ZüB)? So geht es ihm dreimal. Kurz darauf erfolgt der Verrat durch Judas und die Verhaftung Jesu. Da verlassen ihn alle Jünger und fliehen. Erst gerade am Abend hat Petrus doch noch versprochen:

„Wenn alle an dir Anstoss nehmen, werde ich doch niemals Anstoss nehmen. (...) Auch wenn ich mit dir sterben müsste, werde ich dich nicht verleugnen" (Matthäus 26, 33+35 ZüB).

Dieser Petrus verleugnet bald darauf dreimal seinen Meister. Das wäre für Jesus wahrhaftig Grund, sich zu ärgern vor lauter Enttäuschung. Wenn die besten Freunde nicht zu einem stehen... wer dann? Ich kann sie anklagen, ich kann meiner Enttäuschung Luft machen, ich kann mich von ihnen zurückziehen. Ich könnte daraus die Lehre für mich ziehen: Ich traue keinem mehr. Und von denen, die mich enttäuscht haben, erwarte ich sowieso nichts Gutes mehr. Das ist ja auch ein Schutzmechanismus: Wenn ich verletzt bin, ziehe ich eben einen Panzer an; Misstrauen als Selbstschutz, als schützende Rüstung. Nur: Eine Rüstung ist schwer, sie muss ständig herumgeschleppt werden. Man spürt die andern nicht mehr direkt. Man vermisst Körperberührungen. Kann ich mich selbst auf diese Weise wirklich schützen?

Der Auferstandene begegnet erneut Petrus und sechs andern Jüngern, als sie am Fischen sind. Als Petrus seinen Herrn am Ufer erkennt, wirft er sich in den See, um vor den anderen bei ihm zu sein. Am Ufer hat Jesus ein

Kohlefeuer gemacht, um Petrus am Feuer zu empfangen und zu bewirten. Am Karfreitag hat Simon Petrus seinen Meister an einem Kohlefeuer verleugnet. Jesus macht nun selbst ein Kohlefeuer, um Petrus an den Punkt der Verleugnung zurückzuführen, um Mahlgemeinschaft mit ihm zu halten, um ihm zu vergeben. Dann fragt er ihn: „Liebst du mich?" Petrus wagt nicht das Wort „Lieben" in den Mund zu nehmen – mit einem auch im Urtext bescheideneren Ausdruck sagt er: „Du weisst, dass ich dich gern habe". Nochmals fragt Jesus ihn: „Liebst du mich?" Und nochmals antwortet Petrus: „Ja, du weisst, dass ich dich gern habe." Nun, bei der dritten Frage kommt Jesus sprachlich auf die Ebene von Petrus und fragt: „Hast du mich gern?" „Herr, du weisst alles, du siehst, dass ich dich gern habe." Jesus vertraut ihm seine Herde an: „Weide meine Schafe" (In dieser Exegese von Joh. 21, 9-17 folge ich Pfr. Dr. Dieter Kemmler, Theologisch-Diakonisches Seminar Aarau).

Jesus erwartet viel von Petrus, der ihn doch enttäuscht hatte. Petrus soll selbst ein guter Hirte sein, so wie Jesus ein guter Hirte ist. Christus investiert erneut Vertrauen in Petrus. Christus ist gestorben für das Versagen von Petrus. Darum beinhaltet die Enttäuschung mit Petrus nichts Trennendes mehr. Gott hat sich für eine Risiko-Investition entschieden, als er sich für den Menschen entschieden hat, als er in uns Menschen investierte, seine Liebe, seinen Sohn investierte. Christus ist gestorben für jede Enttäuschung, die *uns* irgendein Mensch zugefügt hat. Das ist ein Heilungsangebot für Verbitterte und für Mobbing-Opfer. Gott will Sie heilen und Sie vor neuen Verletzungen schützen, indem er Sie stark macht, mit Enttäuschungen leben zu können. Abladen unter dem Kreuz, das gibt neue Kraft. Es gibt Kraft, um neu in Menschen zu investieren, aber es gibt auch Kraft, um neu auf Gott zu vertrauen.

Was wir vertrauensvoll zu Jesus bringen, das wird er vermehren. „Vertrauensvoll", das hat mit unserem Gottesbild zu tun. Habe ich Angst vor einem strafenden Gott, weil ich strafende Eltern erlebt habe? Oder lebe ich wie ein Kind, das seinem Vater alles zutraut? „Du kannst alles in Ordnung bringen. Da bin ich sicher. Sogar wenn ich mit dem Fussball eine Scheibe getroffen habe, du weisst eine Lösung."

Ich bin überzeugt, dass beim Investieren eine geistliche Gesetzmässigkeit spielt, so wie bei der Vermehrung von zwei Fischen und fünf Broten, so wie bei der Verwandlung von Wasser in Wein, wie beim Gleichnis von den anvertrauten Talenten: Vertrauen braucht Mut; es braucht Mut, keine Angst zu haben, das Wenige zu verlieren. Vertrauen bedeutet zu glauben:

Gott wird viel machen aus dem Wenigen.

Eltern investieren Vertrauen in ihre Kinder. Und wenn absolutes gegenseitiges Vertrauen die Grundhaltung vor der Pubertät bestimmt hat, wird das Vertrauen auch die Pubertät überdauern. Wie entsteht dieses Vertrauen?

Es entsteht, wenn Kinder im Trotzalter die Erfahrung machen können: „Ich werde weiter geliebt, auch wenn ich mich unausstehlich benehme, wenn ich mich flach hinlege und mit den Fäusten auf den Boden trommle – ich werde trotzdem *so* weiter geliebt wie als reizender Säugling. Nichts kann die Liebe meiner Eltern zu mir in Frage stellen. Sie setzen mir zwar Grenzen, aber sie beschämen mich nicht." Sich bedingungslos geliebt zu wissen von Christus: Das war die Voraussetzung für den Dienst von Petrus und auch von Paulus. Erst als sie das existentiell erfahren hatten, konnten sie etwas Sinnvolles tun – als Menschen, die zu ihren Schwächen standen und somit brauchbar wurden, als geliebte, fehlerhafte Menschen. Erst, wer sich bedingungslos geliebt weiss, kann bedingungslos gern haben. Erst wer zu seinen Fehlern steht, kann andere Menschen mit ihren Fehlern bedingungslos gern haben – und ihnen immer wieder neu vertrauen, weil Christus ihm oder ihr immer wieder neu vertraut.

Vertrauen ist auch in der Gemeinde und in christlichen Organisationen die absolute Grundlage: Grundvertrauen zueinander, das bedeutet: Einander gute Absichten zu unterstellen, auch nach Enttäuschungen. Misstrauen ist das Gegenteil: Ich unterstelle dem andern schlechte Absichten für sein Handeln, Absichten, die ich mir ausmale, die der andere meist gar nicht hat. Misstrauen ist eine sich selbst erfüllende Prophezeiung.

Den Gemeindeleitern grundsätzlich gute Absichten zu unterstellen, bedeutet, die Spannung auszuhalten, dass ich bei von ihnen getroffenen Entscheidungen nicht immer alles verstehen kann und muss. Es bedeutet zu warten, bis man zusammen reden kann und bis zu diesem Zeitpunkt dem andern zuzutrauen, dass er keine falschen, machtgierigen oder kleinkarierten Absichten hat.

Wenn ich Gott das Gute und das Grosse zutraue, hat das Folgen: Ich kann auch seinen Kindern Gutes und Grosses zutrauen. Und ich merke plötzlich, dass Gott sogar mir selbst Gutes und Grosses zutraut. Das gibt Kraft, auch auf das Risiko einer Enttäuschung hin zu vertrauen: Gott zu vertrauen, Menschen zu vertrauen.

Aber nicht jedem Menschen kann ich blind vertrauen. Die Voraussetzung dazu ist eine gemeinsame Basis. Im Gleichnis mit den Talenten war die Voraussetzung, dass die Knechte ihrem Herrn Gutes zutrauten. Der Knecht, der seinem Herrn schlechte Absichten unterstellte, konnte nicht in seinem Haus bleiben.

Eine Grundvoraussetzung für neues Vertrauen ist eine gemeinsame Basis, eine gemeinsame Vergangenheit, eine Art Familienzugehörigkeit. Es wäre blind und leichtsinnig, jemandem all mein Hab und Gut anzuvertrauen, wenn er nicht zu meinem Haus, meinen Werten, meiner Gemeinde oder Familie gehört. Jakob hatte sich getrennt von Esau. Sie hatten nichts mehr gemeinsam. Jakob hatte durch sein Verhalten das Vertrauen Esaus verspielt. In 1.Mose 32 ist zu lesen, wie Jakob erschrickt, als Diener ihm nach vielen Jahren der Trennung melden, Esau ziehe ihm mit 400 Mann entgegen. Er trifft Vorsichtsmassnahmen, teilt seine Besitztümer in zwei Lager auf, damit höchstens eines zerstört wird, und dann betet er: *„Errette mich doch aus der Hand meines Bruders, aus der Hand Esaus; denn ich fürchte, er möchte kommen und mich schlagen, die Mutter samt den Kindern. Du hast doch gesagt: 'Ich will dir Gutes tun und dein Geschlecht zahlreich machen wie den Sand am Meer, den man nicht zählen kann von der Menge' "* (1.Mose 32, 11+12 ZüB).

Merken wir, was sich da abspielt? Jakob hat Angst vor Esau, denn es gibt keine gemeinsame Basis mehr. In dem Moment erinnert Jakob sich an ein Versprechen Gottes. Und er will vertrauen, dass Gott doch Gutes will.

Das ist der erste Schritt: Gott ist gut. Darauf vertraue ich. Aber: Da war so viel Enttäuschung und List zwischen den Brüdern, zwischen dem schlauen Fuchs Jakob und seinem etwas weniger raffinierten Bruder Esau.

Jetzt kommt der zweite Schritt: Jakob wünscht die Versöhnung, hat gleichzeitig aber Angst davor. Er kann nicht schlafen, er bleibt alleine im Gebet vor Gott, am Bach Jabbok. Da tritt ihm ein Mann entgegen, ein

Engel Gottes, der mit Jakob die ganze Nacht lang kämpft. Der Engel schlägt ihn dabei aufs Hüftgelenk; Jakob wird geschwächt, aber er gibt sich noch nicht geschlagen. Er will dem Engel Gottes den Segen abringen: „Ich lasse dich nicht los, wenn du mich nicht segnest." Jakob erhält diesen Segen in der Form einer inneren Kapitulation. Jakob hat gesiegt, er hat nämlich sich selbst, den alten, listigen Jakob, besiegt. *„Er rang mit dem Engel und siegte; er weinte und flehte ihn an um Erbarmen. In Bethel fand ihn der Herr – Gott der Heerscharen"* (Hosea 12, 5-6a ZüB). Bevor ihn der Engel segnete, gab er Jakob einen neuen Namen: ‚Israel'. Schlussendlich ist Gott der Sieger des Kampfes, denn nur ein Sieger gibt dem Besiegten einen neuen Namen, nicht umgekehrt. Der Herr hat Jakob gefunden und zu Israel gemacht, zum Stammvater des Volks Israel. Das war also der zweite Schritt: Jakob kann die alte Feindschaft zu Esau überwinden, nachdem er sich selbst von Gott hat überwinden lassen. Alle raffinierte List versagt, wenn es um Versöhnung geht. In einer schlaflosen Nacht gibt sich Jakob Gott hin, das ist ein langer Kampf, der Kampf zwischen Mensch und Gott. Da fordert Jakob viel von sich selbst: die Umkehr, die Hingabe.

Und dann, der dritte Schritt: Die Versöhnung zwischen Mensch und Mensch. Esau rennt Jakob entgegen, umarmt und küsst ihn, er will Jakobs Geschenke nicht einmal annehmen. Jakob antwortet: *“Nicht doch! Habe ich Gnade vor dir gefunden, so nimm das Geschenk von mir an; denn ich habe ja dein Angesicht schauen dürfen, wie man Gottes Angesicht schaut, und du hast mich gütig aufgenommen"* (1.Mose 33, 10 ZüB). Menschen, denen wir Unrecht getan haben, bedeuten für uns immer Gottes Angesicht: Wenn wir ihnen begegnen, begegnen wir den richtenden Augen Gottes, bis die Angelegenheit in Ordnung gebracht ist. Versöhnt ziehen die Brüder weiter, jeder in seine Richtung. Die Bitterkeit ist weg.

Das sind drei Schritte hin zu einer neuen Basis, die ich von meiner Seite her tun kann. Ob der andere diese Schritte auch tut, das liegt dann in seiner Verantwortung.

Ich erinnere an das Konfuzius-Zitat: *„Fordere viel von dir selbst und erwarte wenig von anderen. So bleibt dir mancher Ärger erspart."*

Dem stelle ich klar entgegen: Ich will nicht wenig, sondern viel erwarten von den andern, ihnen viel zutrauen. Mein Ziel ist nicht, dass mir Ärger erspart bleibt, sondern dass ich ihn unter dem Kreuz abladen kann. Dort gehört er hin. Das kann ein nächtelanger Kampf sein, der Kampf gegen meinen Stolz, gegen das innere sich Aufbäumen: „Ich bin doch im Recht!“. Dieser Kampf ist die Herausforderung für mich selbst. In diesem Sinn stimmt: „Fordere viel von dir selbst.“ Trägt Gott in diesem inneren Kampf den Sieg davon, dann kann ich mir vergeben lassen, einfach meinen Anteil am Konflikt vergeben lassen. Und die nächste Begegnung mit dem Menschen, dem ich aus dem Weg gegangen bin, ermöglicht einen neuen Blickkontakt, ein Gespräch, vielleicht auch einen gemeinsamen Wegabschnitt.

Jesus fragt nochmals ganz neu: Hast du mich lieb? Petrus sagte ja, dreimal musste er ja sagen, denn dreimal hatte er vorher Jesus verneint. Aber jetzt war die gemeinsame Basis wieder da. Und Jesus ging so weit, dass er auf Petrus seine Kirche baute, ihm viel anvertraute, als mutige Risikoinvestition.

Amen.

Wachsen

Verletzlicher Halm spriesst mit aller Kraft
durch harte, blutrote Erde.
Zarte Kraft sprengt Verkrustetes.
Durchbruch zum Sehen, Verstehen.

Sehe ich andere mit den Augen Gottes,
so wecke ich in ihnen gute Fähigkeiten.
Aus der Haltung der Versöhnung
traue ich ihnen gute Absichten zu.
Ich kenne die Motive ihres Handelns nicht.
Ich kenne die Motive, die mich
zu solchem Handeln geführt hätten.
Aber die Motive ihres Handelns kenne ich nicht.

Will ich andere sehen, sie verstehen,
unterstelle ich ihnen gute Motive.

Das ist riskant.
Ich kann enttäuscht werden.
Ich mache mich verletzlich.
Verletzlich wie ein grüner Halm in roter Erde.

Zum Glück gibt es noch Walfische

„Und es erging das Wort des Herrn an Jona...“, so beginnt der erste Satz im ersten Kapitel des Buchs Jona. *„Auf, gehe nach Ninive, der grossen Stadt, und predige wider sie...“,* so der zweite Satz. *„Aber Jona machte sich auf, aus dem Angesichte des Herrn hinweg nach Tharsis zu fliehen...“,* so lautet der dritte Satz. (aus Jona 1, 1-3 ZüB)

Jona hört, dass Gott sagt: „Gehe“, und er geht; aber in die falsche Richtung.

1. Beobachtung: Er hört, er weiss, was Gott will, er steht in einer Beziehung mit Gott. Jona wird in 2. Kön.14, 25 als Prophet erwähnt, dessen Prophetie in Erfüllung geht. Er war ein Zeitgenosse von König Jerobeam II und von den Propheten Amos und Hosea.
2. Beobachtung: Gott kümmert sich nicht nur um sein Kind Jona, nicht nur um sein Volk Israel, sondern er will, dass sein Kind Jona, ein Prophet aus Israel, Verantwortung übernimmt, damit alle Bewohner einer grossen, fremden, heidnischen Stadt nicht an ihrer eigenen Bosheit zu Grunde gehen.
3. Beobachtung: Jona fühlte sich dieser Aufgabe nicht gewachsen und meinte, „hinweg aus den Augen des Herrn“, das sei die Alternative.

Gott gab also Jona den Auftrag, die Bosheit seiner Epoche aus der Sicht Gottes schonungslos darzustellen und Ninive zur Umkehr zu rufen. Das war sein prophetischer Auftrag.

Ich stelle dem Propheten Jona einen anderen Propheten gegenüber, einen Propheten des 20.Jahrhunderts. Ich verwende den Begriff ‚Prophet‘ für einen Menschen, der seine Epoche so analysierte, wie es der biblischen Botschaft entsprach – ohne Rücksichtnahme auf die in seiner Umgebung vorherrschende Meinung. Ich denke an Dietrich Bonhoeffer, der 39-jährig im Konzentrationslager hingerichtet wurde. Seine Theologie und sein Leben zeigen auf, was Gehorsam bedeutet, wenn Gott dazu aufruft, **sein** prophetisches Wort gegen das verkehrte Handeln einer Regierung auszusprechen. Was hiess das für Bonhoeffer im Umfeld des damaligen Nazi-Regimes? Was tat er, als er den Ruf Gottes vernahm?

Im Bewusstsein aller damit verbundenen Risiken engagierte Bonhoeffer sich im Widerstand. Er war der Überzeugung, Kirche müsse Kirche **für andere** sein, damit sie als Gemeinschaft der Glaubenden gelten darf. Er sah in der Kirche keinen Rückzugsort, sondern eine Verpflichtung zum Dienst an der Gesellschaft, dies im schmerzhaften Wissen, dass das Heraustreten auch beinhaltet, schuldig zu werden. Aber läge die schwerwiegendste Schuld nicht gerade im Rückzug – im Verschliessen der Augen, in der Illusion der Reinheit? Gemeinde muss sich auf andere hin bewegen, muss eine Geh-Kirche sein, denn Kirche ist **„**Christus, als Gemeinde existierend" (Dietrich Bonhoeffer, Sanctorum communio, Chr. Kaiser Verlag, München 1969, S. 266). Kirche, die sich nur um das eigene Heil dreht, verfehlt ihren Auftrag. Diese Aussage führt zurück zu Jonas: Wenn der Ruf „Geh nach Ninive" im Schiffsbauch endet, dann braucht Gott einen Sturm, der die Gemeinde durchschüttelt. Haben Krisen und Spaltungen mancher Gemeinden wohl damit zu tun, dass sie ihrem wahren Auftrag davon segeln? Dass sie wohl ein „Schiff, das sich Gemeinde nennt" sind, aber ein Schiff, das keinen zum gottgewollten Ziel bringt?

Nachfolge ist für Bonhoeffer keine fromme Weltflucht, sondern gehorsame, tätige Nachfolge. Sie ist eine situationsspezifische Umsetzung des Rufs von Christus, wie er vor allem in der Bergpredigt ertönt. **Verantwortung** ist die Vollzugsform des Daseins für andere. Verantwortung zu übernehmen, schliesst die Bereitschaft zur Übernahme von **Schuld** der andern mit ein. Nicht die unbefleckte Reinheit und Heiligung des Gewissens sind entscheidend, sondern der Gehorsam in der Nachfolge. Für Bonhoeffer bedeutete dies ein schweres Glaubens-Dilemma: Einerseits sagt Paulus im Römerbrief 13, 1-7, man müsse der Obrigkeit Untertan sein, da die Obrigkeit von Gott eingesetzt sei. Andrerseits sagt Petrus gegenüber dem Hohen Rat in Apostelgeschichte 5, 29 (ZüB): *„Man muss Gott mehr gehorchen als den Menschen."* Für Bonhoeffer hiess das: Man kann aus Gehorsam gegenüber Gott andere Gebote übertreten müssen. Man kann dabei schuldig werden, nicht nur gegenüber menschlichen Geboten, sondern sogar gegenüber biblischen Geboten. Wohl kann auch diese Schuld von Gott vergeben werden durch Christus, aber man muss bereit sein, auf der Erde die Konsequenzen der Übertretung auf sich zu nehmen. Er war beteiligt am Widerstand gegen Hitler, er unternahm Reisen zu einflussreichen Kirchenvertretern verschiedener Länder in der Hoffnung, dass diese Einfluss auf ihre Regierungen nähmen und sich gegen den

Nationalsozialismus stellten. Bonhoeffer war bereit, die Konsequenzen seines Handelns auf sich zu nehmen.

Und Jona war schlussendlich auch bereit dazu, als er auf Umwegen in Ninive ankam und mutig predigte – und doch zog Jona sich dann schnell in sicherer Distanz auf einen Hügel zurück. Darf die Kirche sich in sichere Distanz von der Welt zurückziehen, aus Angst, die Suppe mit auslöffeln zu müssen?

Doch nochmals zurück zu Bonhoeffer: Gott ist mitten in der Welt zu suchen. Er muss dort zur Sprache gebracht werden, wo man ihn am wenigsten vermutet. Er muss in der Sprache der Mitgefangenen, der Arbeiter, der Ahnungslosen verkündet werden. Bonhoeffer nannte das: „Theologie in verantwortlicher Zeitgenossenschaft“.
Interessant bei Jona: Er wird auf dem Schiff unfreiwillig zu einem Zeugen für die Macht des lebendigen Gottes. Jona machte ein ehrliches Eingeständnis: Ich verehre den Herrn, den Gott des Himmels, der das Meer und das Trockene gemacht hat, und ich bin auf der Flucht vor ihm. Durch dieses Bekenntnis beginnen die Schiffsleute, die kurz zuvor jeder zu seinem eigenen Gott schrien, nun gemeinsam den Herrn anzurufen (frei nach Jona 1, 5+9-14).

Bonhoeffer sagte, die Kirche sei eine Gemeinschaft in doppelter Bewegung: *„In Bewegung nach innen, auf Christus, ihr Zentrum hin. Und in gleichzeitiger Bewegung nach aussen, zu den andern hin, so wie Christus am Kreuz sein Leben für andere hingab. Kirche ist nur Kirche, wenn sie für andere da ist, zu anderen geht, dem Ruf Gottes folgt.“* (Dietrich Bonhoeffer: Entwurf einer Arbeit, DBW 8, Seite 560f.)
Denn: Die Alternative dazu ist: „Hinweg aus den Augen des Herrn“. Aber zum Glück gibt's dann noch Walfische.

Amen.

Quellenangabe: Einige Aussagen stammen aus dem differenzierten Artikel zu Dietrich Bonhoeffer auf Wikipedia: http://de.wikipedia.org/wiki/Dietrich_Bonhoeffer (abgerufen am 3.2.2015)

Und die Herrlichkeit

Der Herrliche zeigt sich in Feuer und Geist.
Das Feuer verbrennt den angestauten Dreck.
Seine Herrlichkeit blendet unerwartet hell.

Nicht etwas vom Leben; das Leben.
Nicht etwas Wahres; die Wahrheit.
Nicht etwas Befreiendes; die Freiheit.

Haben wir verlernt, dem König als König zu begegnen,
weil unsere Herrscher ihre Ehre verspielt haben?

Dem König begegnen, verstummen, uns neigen,
den Kelch der Versöhnung an die Lippen führen,
ihm danken, ihn ehren.

Provozierender Ritt und schreiende Steine

Einzug in Jerusalem, Palmsonntag

Wie geht es Ihnen, wenn Sie einen Auftrag erhalten? Mir fällt es extrem schwer, den Auftrag auszuführen, wenn ich dessen Sinn nicht nachvollziehen kann.
Wir sind zum Mitdenken erzogen worden, das ist gut so. Und doch: Jesus überraschte seine Jünger auch mal mit Aufträgen, die schwer verständlich waren.

Der biblische Bericht im Lukasevangelium 19, 28-40 handelt vom Einzug in Jerusalem. Jesus hatte soeben mit seinen Leuten den Weg von Jericho nach Jerusalem zurückgelegt, zirka 30 km, zudem ist es ein mühsamer Anstieg. Kurz vor Jerusalem erteilte er zwei Jüngern den vorerst unverständlichen Befehl, einen jungen Esel zu organisieren. Ihr Vertrauen zu ihm war so gross, dass sie gehorchten.
Sie kannten Jesus so gut, dass sie wussten: Das kommt gut. Nun, die Jünger vertrauten ihrem Meister, brachten den Esel zu ihm, warfen ihre Kleider auf das Füllen und liessen ihn aufsteigen. Auf dem weiteren Weg legten sie sogar ihre Kleider vor ihm wie einen Teppich auf den Boden.

Jesus handelte hier als Prophet. Wenn Worte von Propheten nicht gehört worden waren, hatten sie häufig drastische Zeichen verwendet, um dem Volk die Botschaft vor Augen zu führen. Das galt unter anderen für Jeremia. 600 Jahre vor Christus ging Jeremia mit einem Joch auf dem Rücken durch die Strassen. Er wollte so die Zerstörung Jerusalems verhindern, die Leute zur Umkehr rufen (Jeremia, Kapitel 27+28).

Jesus will mit einer Zeichenhandlung, mit seinem Ritt auf einem Esel, den Leuten mehrere Aussagen vor Augen führen:

Einerseits war den Juden die Prophetie aus Sacharja 9, 9-10 (ZüB) bekannt:
„Frohlocke laut, Tochter Zion! Jauchze, Tochter Jerusalem! Siehe, dein König kommt zu dir; gerecht und siegreich ist er. Demütig ist er und reitet auf einem Esel, auf dem Füllen einer Eselin. Er wird die Streitwagen ausrotten aus Ephraim und die Rosse aus Jerusalem; ausgerottet werden

auch die Kriegsbogen. Er schafft den Völkern Frieden durch seinen Spruch, und seine Herrschaft reicht von Meer zu Meer, vom Euphrat bis an die Enden der Erde."

Jesus ist der Friedenskönig. Ein Esel war kein niederes Tier. Könige ritten auf Pferden, wenn sie in kriegerischer Absicht kamen. Könige ritten auf Eseln, wenn sie in friedlicher Absicht kamen. Entgegen den Erwartungen der Zeloten kam der Messias nicht, um Jerusalem kriegerisch von den Römern zu befreien, sondern er kam als Friedenskönig (nach William Barclay: Lukasevangelium. Auslegung des Neuen Testaments Neukirchen-Vluyn, 1983, S. 260).

Andrerseits wurden die schriftkundigen Juden an die Stelle im 2. Buch der Könige 9, 13 erinnert: Als Jehu zum König gesalbt wurde, breiteten alle die Kleider vor ihm aus, damit er darüber schreiten konnte. Die Jünger machen Jesus zum König. Er ist der Messias.
Ohne Worte erhebt Jesus mit dieser Zeichenhandlung den Anspruch auf den Messiastitel. Dieser Auftritt war sehr mutig. Es war zu dieser Zeit bereits der Befehl erteilt worden, dass jeder, der wisse, wo Jesus sich aufhält, es melden müsse, damit Jesus verhaftet werden kann. Vor diesem Hintergrund wäre den meisten Jüngern ein möglichst diskreter Einzug, so durch eine Hintertür, wohl lieber gewesen. Dieser Auftritt als Messias war eine extrem mutige Provokation. Und doch, Jesus wollte der Stadt mit einer Zeichenhandlung Frieden bringen. So wie damals Jeremia, wollte nun auch Jesus diese Stadt vor politischem Aufstand und vor dem sicheren Untergang bewahren.

Jesus wird von den Jüngern gelobt: Friede im Himmel, Ehre sei Gott in der Höhe! Das erinnert an die Verkündigung der Engel bei der Geburt von Jesus. Wird er jetzt als König erkannt? Den Pharisäern wird es zu bunt: Sie wollen die Jünger zum Schweigen bringen. Jesus sagt darauf: *„Wenn diese schweigen, werden die Steine schreien"* (Lukas 19, 40 ZüB).

Die Nachfolger, die Jünger, waren damals die Zeugen. Sie konnten nicht anders als rufen, jubeln: Das ist der Messias, wir haben seine Taten gesehen!
Steine sind auch Zeugen. Aus Steinen wurden im Alten Testament Altäre gebaut, die über Generationen an ein Erlebnis mit Gott erinnerten. Samuel nahm nach einem Sieg gegen die Philister einen Stein und nannte ihn

Eben Ezer, Stein der Hilfe, und sagte: *„Bis hierher hat uns der Herr geholfen“* (1.Samuel 7,12b ZüB).

So ein Altar ist ein Mahnmal. Beim Vorbeigehen erklären Eltern ihren Kindern, was hier geschehen ist, wie Gott geholfen hat, von Generation zu Generation. Wir bauen heute in ähnlicher Absicht Denkmäler aus Marmor. Steine sind beständige Zeugen. Manchmal brauchen wir in Stein gemeisselte Erinnerungen, weil wir Menschen etwas vergesslich sind.

Gott hat viel vor. Und wenn er einen Esel gebrauchen kann, dann kann er mich wohl auch gebrauchen. Er hat Ideen für unser Leben. Lassen wir uns auf Überraschungen ein? Am Anfang einer Überraschung steht häufig ein Gehorsamsschritt. Legen wir unsere schicken Kleider zu den Füssen von Jesus, die Jacke samt der Kreditkarte drin? Gehorsamsschritte sind befreiend. Sie führen hin zur Anbetung, zum Zeuge-Sein.

Amen.

Seine Wunden

Wenn Menschen schweigen, schreien Steine,
du hörst Schreie, stumm bleibst du?
Wenn Steine schreien, schweigen Menschen,
du siehst Wunden, blind schaust du?
Wenn heute Steine bluten,
blieben Wunden gestern ungestillt.
Du glaubtest, wenn du siehst – glaubst du?

Versöhnung als Lebensstil (Eine Kurzpredigt)

Versöhnung – dieses Wort erinnert an die Rückkehr des verlorenen Sohns, an die Umarmung des Vaters und an die Wiedereinsetzung des Sohns. Dieser bekommt das beste Kleid, einen Ring an die Hand und Schuhe an die Füsse. Ein Festessen wird für ihn veranstaltet. Was hat der verlorene Sohn dazu beigetragen? Nichts, ausser dass er umgekehrt ist, heimgekommen ist (Lukas 15, 11-32).
Der Vater umarmt auch uns, lädt uns zum Festessen ein. Eingeladen sind wir als Versöhnte, als die von „draussen auf den Landstrassen und an den Zäunen", wie es Jesus im Gleichnis des grossen Gastmahls darstellt. Wir sind eingeladen, zusammen mit vielen andern, welche wie wir diese Einladung weder verdient, noch erwartet haben. Versöhnung ist das, was Gott mit uns tut. Sein Sohn hat für uns ‚Sühne bewirkt', das heisst: Gott hat mit uns Frieden gemacht. Er rechnet uns unsere Verfehlungen nicht an, so wie der Vater dem verlorenen Sohn die Verfehlungen nicht anrechnete. Hier liegt auch der sprachgeschichtliche Ursprung des Worts: Beim mittelhochdeutschen *versüenunge* und bei Luthers *Versühnung*.

„Alles aber kommt von Gott, der uns durch Christus mit sich selbst versöhnt und uns den Dienst der Versöhnung verliehen hat. Denn Gott versöhnte in Christus die Welt mit sich selbst, indem er ihnen ihre Übertretungen nicht anrechnete und in uns das Wort der Versöhnung legte" (2. Korintherbrief 5, 18-19 ZüB).

Als Versöhnte können wir versöhnen. Versöhnung ist ein Dienst, eine Lebenshaltung. **Versöhnt zu leben bedeutet im zwischenmenschlichen Zusammenleben, den andern gute Absichten zu unterstellen.**
Zwischen Menschen ‚menschelt' es; das heisst, es gibt Situationen, in denen ich mich beleidigt oder an den Rand gedrängt fühle, so wie der brave ältere Bruder im Gleichnis des verlorenen Sohns. Bin ich unversöhnlich, so unterstelle ich dem andern schlechte Motive für sein Reden und Handeln, so fühle ich mich bei Kritik auch gerne persönlich angegriffen. Bin ich versöhnt, so gehe ich grundsätzlich davon aus, der andere habe es eigentlich gut gemeint, es sei bei mir nur falsch angekommen. Ja, ich will den andern grundsätzlich gute Absichten unterstellen! Vielleicht unterstelle ich andern dabei auch einmal allzu gute

Absichten, aber als versöhnter Mensch kann ich mir das leisten. Es wird mir nicht schaden, ich komme ja sowieso nicht zu kurz.

Dieser Lebensstil beinhaltet allerdings ein ‚Risiko': Andere fühlen sich plötzlich vorbehaltlos angenommen. Dabei kann es ihnen so wohl werden, dass sie nicht mehr abseits stehen, sondern auch am Fest teilnehmen wollen. Lade ich sie ein? Wirkt mein Leben einladend?

„So sind wir nun Gesandte für Christus, indem Gott durch uns ermahnt; wir bitten für Christus: Lasset euch versöhnen mit Gott" (2. Korintherbrief 5, 20 ZüB*)!*

Amen.

Unser Vater im Himmel,

geheiligt werde dein Name.

Dein Name werde geheiligt.
Du bist, der du bist,
du bist treu, wem du treu bist.
Darum sind wir.
Das ist Grund zum Feiern.
Das Fest im Himmel
bricht durch zu uns.

Wir Kinder tragen den Namen des Vaters.
Der Vater feiert unser Heimkommen,
in seinem Namen, mit uns, daheim.

Das erste Gebot – ein Weg in die Freiheit

Sind Sie im Zeichen des Stiers geboren? Nein, ich messe Sternzeichen keine Bedeutung zu. Trotzdem stelle ich die Behauptung in den Raum: Alle Menschen sind ‚im Zeichen des Stiers' geboren. Darauf komme ich zurück.

„Damals sangen Mose und die Israeliten dem Herrn dieses Lied; sie hoben an: Singen will ich dem Herrn, denn hoch erhaben ist er; Ross und Reiter warf er ins Meer. Meine Stärke und mein Loblied ist der Herr, und er ward mein Heil; er ist mein Gott, ich will ihn preisen, der Gott meines Vaters, ich will ihn erheben" (2. Mose 15, 1-2 ZüB).

Das Volk Israel machte eine überwältigende Erfahrung mit Gott: Er hat uns herausgeführt aus der Sklaverei, er hat uns gerettet! Es gibt, und das gilt bis heute, kein unwiderrufliches Sklavenhaus mehr, keine endgültige Sackgasse, kein Pharao, keine fremden Götter oder Sterne bestimmen über unser Schicksal, sondern Gott. Der Herr. Aber wie kann diese Freiheit von der Sklaverei über den Moment hinaus Bestand haben? Gott will das Volk nicht nur von der greifbaren Sklaverei befreien – er will es davor bewahren, in eine neue Sklaverei zu geraten. Deshalb gibt er ihm eine Wegweisung, wie ein Befreiung aus allen Sklavenhäusern erfolgen und Bestand haben kann: Die Thora. (Dieser und weitere Aspekte zur „Wegweisung der Freiheit": Jan Milic Lochman: Wegweisung der Freiheit. Die zehn Gebote:. Betulius Verlag, Stuttgart, 1995, auch aus persönlichen Vorlesungsnotizen bei J.M. Lochman).

So beginnen die 10 Gebote: *„Und Gott redete alle diese Worte und sprach: Ich bin der Herr, dein Gott, der dich aus dem Lande Ägypten, aus dem Sklavenhause herausgeführt habe; du sollst keine anderen Götter neben mir haben"* (2. Mose 20, 1-3 ZüB). Der Bezug ist klar: Ich bin der, der euch aus dem Sklavenhaus geführt hat, und dann wortwörtlich: *„Nicht dir seien Götter anderer gegenüber meinem Angesicht."* Gesicht, Angesicht, hebräisch *p'ney*, das, was uns entgegen blickt: Unser Gegenüber soll Gottes Angesicht sein – und kein anderes.

Während Mose von Gott auf dem Berg Sinai noch die Gebote empfing, befand das Volk, Mose komme wahrscheinlich gar nicht mehr vom Berg herunter; Aaron soll nun einen andern Gott machen, der vor ihnen herziehen möge. Aaron sammelte darauf alle goldenen Ohrringe ein und

goss daraus ein goldenes Kalb. Das Volk freute sich und sprach: Das ist dein Gott, der dich aus dem Lande Ägypten herausgeführt hat (nach 2. Mose 32, 1-4). Wörtlich: Mache uns einen Gott, der vorangehe unserem Angesicht. Dasselbe hebräische Wort, *p'ney.* Das Volk will einen sichtbaren Gott...und macht sich einen. Das Volk will Blickkontakt – im Angesicht des Stiers. Warum gerade ein Kalb, ein Stierkalb? In Ägypten hatte der Stierkult eine bestimmte Bedeutung, die das Volk noch gut kannte, da es gerade erst aus Ägypten gekommen war. Der Stier stand als Bild, als Gottheit für drei Grundbedürfnisse des Menschen:
Für 1. Fruchtbarkeit, 2. Macht, 3. Gold.

Auf ägyptischen Darstellungen finden sich jede Menge Apis-Stiere, Stiere mit der Sonnenplatte und der Kobra über der Stirn: Das Symbol der Gottheit und der Macht, das auch am Kopfschmuck des Pharao leuchtete. Der Franzose Mariette fand bei Ausgrabungen am Nil bei Memphis vollständig erhaltene mumifizierte Stiere aus der alttestamentlichen Zeit (Hans Baumann: Die Welt der Pharaonen. Ravensburg, 1964).

Psychoanalytiker wie Sigmund Freud und Alfred Adler erkannten dasselbe wie Aaron 3300 Jahre zuvor: Die Grundantriebsfedern des Menschen sind Sexualität (nach Freud) und Macht (nach Adler). Die Menschheit lebt auch heute noch....eben: Im Zeichen des Stiers. So stellt sich nicht nur damals dem Volk Israel die Frage: Bin ich frei oder folge ich dem Stier?
Dazu 3 Abschnitte:
1. Nicht, dass Gold oder Geld schlecht wäre, nicht dass Macht grundsätzlich schlecht wäre, schon gar nicht die Sexualität, die ist ja ein grossartiges Geschenk Gottes an die Menschen. Aber es sind nicht die letzten, die wichtigsten Dinge, keine letzten Ziele fürs Leben. Werden sie uns zum Wichtigsten, zum höchst Erstrebenswerten, so besteht darin der Götzendienst, die Unfreiheit, die neue Gefangenschaft, letztlich die Versklavung.
Das ist die Tragik des Volks in der Wüste; sie wurden von Gott aus der Gefangenschaft und vom Götzendienst befreit. Sie haben das Leben, das versprochene Land vor sich. Und bei jedem Hindernis lamentieren sie: Wir wollen lieber zurück in alte Verhaltensmuster, zurück nach Ägypten. Das Wagnis der Freiheit ist zu gross und zu ungreifbar, Gott ist zu unsichtbar. Die Freiheit seines Angesichts überfordert sie. Sie wollen Halt, etwas Sichtbares vor die Augen: Gold, Fruchtbarkeit, Macht, das goldene Kalb.

2. Es wäre für uns zu einfach, den Stier einfach als Versuchung abzutun. Macht, Sex und Geld sind nicht einfach Versuchungen, es sind *Bewährungsfelder*. Was bedeutet mir mehr: Das Angesicht Gottes oder der Anblick des Bankkontos? Geld unter der Autorität Gottes ist gut! Die Bewährung hiesse: Geld brauchen in Freiheit, frei vom Zwang, alles zu haben, frei zum Loslassen, frei, einen Teil des Einkommens, zum Beispiel den Zehnten, wegzugeben für Ärmere, gerade auch, wenn das Geld knapp wird; frei, nicht kaufen zu müssen, was ich mir leisten könnte...das ist ein spannendes, weit offenes Bewährungsfeld. Für die ganze Gesellschaft stellt sich die Frage, ob Wohlstand und unbegrenzte Nutzung von Ressourcen zur obersten Gottheit geworden sind. Sind wir versklavt von der Angst, dass Mobilität, Energie oder Wirtschaftswachstum begrenzt werden könnten? Das Bewährungsfeld kann Verzicht heissen, Verzicht zugunsten des Lebens und Überlebens kommender Generationen.
Wir leben im Supermarkt unbegrenzter Möglichkeiten. Mehr tun in gleicher Zeit, angetrieben von der panischen Angst, etwas zu versäumen. Wir müssen die Wahl zwischen unzähligen gleichzeitig angebotenen Freizeitmöglichkeiten treffen. Grenzenlose Mobilität, möglichst an einem Abend drei verschiedene Anlässe hintereinander besuchen, um alles Erlebbare zu erleben. Grenzenlose elektronische Möglichkeiten, 99 und mehr Fernsehprogramme zur Auswahl, ja nichts verpassen.
Der Schriftsteller und ehemalige tschechische Staatspräsident Vaclav Havel zeigte in seiner Oslo-Rede 1990 meisterhaft den Zusammenhang zwischen dem Anspruch auf Grenzenlosigkeit und dem Hass auf. Menschen, die alles haben wollen, werden zu hassenden Menschen, da sie die Erfahrung von Grenzen als böswillige Einengung ihrer Person verstehen. Einschränkung erleben sie als Unrecht, als Angriff auf ihre Person, als Zweifel an ihren Werten. Havel führt dann weiter aus, dass Hass letztlich in der Eifersucht auf Gott wurzelt, im Sein-wollen-wie-Gott.
(Vaclav Havel: Die Anatomie des Hasses. Oslo, 1990)
Ähnliches gilt für das Bewährungsfeld der Sexualität. Nicht alles Machbare macht glücklich. Das wird uns doch vorgeschwatzt und vorgezeigt: Alles Geniessbare muss probiert, alle Reize müssen ausgelöst werden. Das ist das Diktat des Machbaren: Alles Erlebbare musst du erlebt haben. Auch das ist eine Form der Versklavung.
Vor längerer Zeit besuchte ich in einem Verkehrssicherheitszentrum einen Schleuderkurs. Wir übten Vollbremsungen und das Schleudern. Dabei lernten wir die Grenzen der Belastbarkeit kennen, um das Fahrzeug sicher

zu beherrschen. Vor mir war einer in seinem offenen Jeep unterwegs. Er fuhr immer etwas schneller, als vom Fahrlehrer vorgegeben wurde. Das war für ihn kein Problem, der Schlitten könnte noch viel mehr. Und plötzlich der Schreck: Er hat die Grenzen überschritten, der Jeep überschlägt sich, Räder gegen oben, Scherben, Spital. Kennen wir die Belastbarkeitsgrenzen unseres Körpers und unserer Seele? Sexualität, Macht, Geld, das sind starke Motoren. Aber bis wo machen Reifen und Chassis mit? Nicht alles Machbare macht frei. Das Verlangen danach, immer mehr und mehr erleben zu wollen, macht uns bald abhängig von unseren Wünschen. Selbst sein wollen wie Gott. Darum geht es doch: Die Grenzen des Machbaren nach unseren Wünschen zu verschieben. Und in der Enttäuschung, nie sein zu können wie Gott, wurzeln Verbitterung, Eifersucht, Hass. Diese Abhängigkeit von unseren Wünschen, dieses ‚Nichts-Verpassen-Wollen'...will ich mein Leben davon diktieren lassen? Und wenn ich das nicht will? Da nützt keine Selbstüberlistung, keine Askese. Die Triebfedern des Stiers sitzen tief in uns drin, seit Generationen. Trotzdem traut Gott uns dieses Bewährungsfeld, diesen Schleuderkurs zu. Wir müssen nicht bis zum Überschlag gehen. Christus ist ein erfahrener ‚Fahrlehrer': Er darf mir eine Geschwindigkeitslimite setzen, bevor die Haftgrenzen meiner Reifen erreicht sind.

3. Wahre Freiheit ist möglich in der Bindung an Christus. Diese freiwillige Bindung ermöglicht uns die tiefe Geborgenheit, das tiefe Wissen: Gott ist gut. Gott meint es gut. Ich komme nicht zu kurz. Die Ursünde ist das Zweifeln an der Güte Gottes. Die letzte Freiheit finden wir erst im Anerkennen von Gottes Güte und im Anerkennen von Gottes Freiheit, uns diese Güte auf seine Art und zu seiner Zeit erfahren zu lassen. Das bewahrt vor Verbitterung und Selbstmitleid. Anerkenne ich Gottes Freiheit? Gestehe ich ihm sogar zu, mir Unangenehmes, vielleicht Schweres zuzumuten? Erlaube ich Gott, dass mein Weg durch die Wüste führen kann, aber auf ein Ziel zu: In die versprochene Freiheit? „Jesus Christus, Sohn von Gott, ich will doch frei sein, ich will nicht ein Leben lang Angst haben, etwas zu verpassen, ich will doch nicht ständig hinterherrennen und keuchen: ‚Ich auch!' Mache du mich frei!"

Zur Ruhe kommt, wer frei geworden ist vom Diktat des Wünschbaren und Machbaren, wer frei geworden ist zum Geniessen und Leben innerhalb der von Gott definierten Belastbarkeitsgrenzen. Das Überschreiten dieser Grenzen führt zu übermässiger Abnützung. Wir brauchen die Leitplanken

der zehn Gebote, weil wir mehr machen könnten, als wir verkraften – als Individuen und als Teil der Gesellschaft. Wir sind ja frei, uns und andere zu zerstören. Ehebrechen, töten, auf das Hab und Gut der andern schielen, zugreifen, das geht alles, aber es beschränkt die Freiheit. Wo gemordet wird, kann man nicht mehr frei auf der Strasse herumspazieren. Muss in einer Beziehung mit Seitensprüngen gerechnet werden, so wird es schwierig, unbeschwert zu vertrauen und frei zu kommunizieren. Hat mich jemand bestohlen, so habe ich nicht mehr die Freiheit, ihm für eine kurze Besorgung mein Portemonnaie in die Hand zu drücken.
Das ist der Preis der Entscheidungsfreiheit, die uns erst zu echten Liebespartnern Gottes macht, sonst wären wir Marionetten: Wir sind frei, JA zu sagen, weil wir auch die Möglichkeit haben, NEIN zu sagen. Der Mensch kann lieben, weil er auch die Möglichkeit hat, zu hassen. Der Mensch kann Leben bewahren, weil er auch die Möglichkeit hat, Leben auszulöschen. Der Mensch kann die Freiheit wählen, weil er auch die Möglichkeit hat, sich zu fesseln.

Ich fasse zusammen:
1. Die uns Menschen offenstehenden Möglichkeiten können uns überfordern. Wenn wir ‚den Stier' zum Letzten und Höchsten des Lebens erheben, zerstören wir uns.
2. Gott mutet uns zu, mit Lebensbereichen wie Sexualität, Macht und Geld verantwortlich umzugehen. Sie sind Bewährungsfelder.
3. Gott hat in zwei Phasen geholfen, mit dieser Freiheit umzugehen. Zuerst mit den zehn Geboten. Die wollen uns nicht zu besseren Menschen machen. Sie verkörpern viel mehr die Grundlage, auf der menschliches Leben überhaupt gelingen kann. Übertretungen der zehn Gebote sind deshalb nicht moralische Entgleisungen, sondern Verstösse gegen das Leben einzelner und der Gesellschaft. Freiheit bedeutet hingegen, nicht dem Kult sichtbarer Götter unterworfen zu sein, ihnen nicht dienen zu müssen. Und dann, in der zweiten Phase, hat Gott uns Christus zur Seite gestellt. Als Gegenüber, als Blickkontakt Gottes, *als Gesicht Gottes,* gleichzeitig als Erlöser, der uns frei macht vom Stierkult. Er kennt unsere körperlichen und seelischen Belastbarkeitsgrenzen. Als Wegbegleiter kennt er das Ziel, auch wenn es durch die Wüste geht. In der Verbindung mit ihm blickt uns das Angesicht Gottes entgegen, denn durch ihn leitet Gott uns mit seinen Augen (nach Psalm 32, 8). Amen

Und führe uns nicht in Versuchung

Die Versuchung, sie ist farbig,
ist der Sog im Strudel,
zieht den Blick auf sich,
nimmt Platz ein, der ihr nicht gehört.
Nimmt allen Platz ein, den wir ihr geben.
Beansprucht Zeit, die andern gehört,
beansprucht Ruhe, die Gott gehört.
Sie lässt uns um uns selbst drehen.
Sie lenkt ab vom Wesentlichen,
macht Nebensächliches zu Wichtigem,
macht Zweitwichtigstes zu Wichtigstem.
Sie unterschiebt andern schlechte Absichten.
Sie tut so, als stopfe sie das Loch im Herz,
als stille sie die Sehnsucht nach Geborgenheit,
als gäbe sie das, was Gott längst schenkt:
Liebe.

Glauben – aber bitte mit Verstand

Daniel 1,1 - 2,30

Unsere Geschichte spielt ums Jahr 600 vor Christus. Die damalige Weltmacht war Babylonien, das Zweistromland, heute heisst es Irak.
In diesem Land herrschte Nebukadnezar, der durch seinen Sieg über den ägyptischen Pharao soeben zum Herrscher über die gesamte antike Welt geworden war. Nebukadnezar hatte auch Jerusalem unterworfen und Vertreter der jüdischen Elite als Geiseln oder Sklaven nach Babylonien deportiert. Darunter befanden sich auch Jugendliche, einer von ihnen hiess Daniel. Als nun Nebukadnezar den Befehl erliess, aus den vornehmsten der Gefangenen, aus der jüdischen Königsfamilie, die schönsten und gescheitesten auszuwählen, da wurden Daniel und drei seiner Freunde ausgewählt. Zuerst sollten sie nun drei Jahre lang in einer für sie noch fremden Sprache und Schrift geschult werden.

Das Ziel dieser Ausbildung war, dass die vier jungen Männer nach der Ausbildungszeit in den Dienst des babylonischen Königs eintreten sollten. Was der König Nebukadnezar allerdings nicht wusste: Daniel diente bereits einem König, er diente Gott.
„Daniel aber war entschlossen, sich nicht mit der Speise von der königlichen Tafel und dem Wein, den der König trank, zu verunreinigen“ (Daniel 1, 8 ZüB).
Das hing damit zusammen, dass diese Speisen als Opfergaben fremden Gottheiten geweiht worden waren, bevor sie serviert wurden. Daniel war bereit, in den Dienst des Königs Nebukadnezar zu treten, nur mussten für ihn die Prioritäten klar bleiben. Er konnte dem König nur soweit dienen, als er Gott damit nicht untreu wurde.
Er und seine Freunde baten darum, Wasser und Gemüse zu erhalten, denn Gemüse war nicht auf dem Speiseplan der babylonischen Götter. Und die vier jungen Leute entwickelten sich mit dieser Ernährung prächtig. Wir lesen:
„Diesen vier Knaben aber gab Gott Wissen und Verständnis für jegliche Schrift und Wissenschaft, und Daniel verstand sich auch auf Visionen und Träume jeder Art“ (Daniel 1, 17 ZüB).

Traumdeutung war in der babylonischen Kultur ein wichtiger Bildungsinhalt. Sie bestanden ihre Prüfungen, waren allen andern zehnfach überlegen und traten in den Dienst des Königs ein.

Dann geschah etwas absolut Lebensbedrohliches: Der babylonische König hatte einen Traum, der ihn sehr beunruhigte. Die Deutung des Traums war ihm so wichtig, dass er seine Magier und Weisen vor eine unlösbare Aufgabe stellte: Deutet mir meinen Traum! Damit ich sicher bin, dass die Deutung stimmt, müsst ihr mir zuerst den Inhalt meines Traums, und dann seine Deutung mitteilen. Er wollte also eine von den Göttern eingegebene Deutung, die sich durch die Offenbarung des Trauminhalts legitimieren sollte. Kein Magier, kein Weiser konnte unter solchen Bedingungen den Traum deuten. Da gab der König bekannt, dass er alle in seinem Dienst stehenden Magier und Weisen in Stücke hauen lasse, wenn keiner fähig sei, seinen Traum zu deuten. Diese ernste Drohung betraf auch Daniel und seine Freunde. Ein Herrscher in Babylonien konnte sich Massentötungen leisten.

In seiner Not könnte Daniel resignieren und als Märtyrer sterben. Er ruft aber seine Freunde zusammen: *„damit sie Gott um Erbarmen anflehten, wegen dieses Geheimnisses, damit nicht Daniel und seine Gefährten samt den übrigen Weisen Babels umgebracht würden“* (Daniel 2, 18 ZüB).

Das hat Daniel mit seinen Freunden von allen andern Magiern unterschieden: Sie hatten einen Ansprechpartner ausserhalb des babylonischen Götter- und Regierungssystems. In ihrem Innern sind sie in Babylonien Fremde geblieben, denn sie blieben im fremden Umfeld innerlich bei sich selbst und bei ihrem Gott zu Hause. Keine Fremde ist wirklich fremd für den, der im Herzen eine Heimat hat. Und umgekehrt bietet keine Heimat dem ein Zuhause, der sich selbst und Gott in seinem Innersten fremd geblieben ist.

Gott erhörte Daniels Gebet. In einer Nacht wurde es Daniel klar, was der Traum des Königs war, und wie er zu deuten sei. Da lobte Daniel seinen Gott, den Gott des Himmels:

Der Name Gottes sei gepriesen
von Ewigkeit zu Ewigkeit!
denn Weisheit und Macht, sie sind sein.
Er ist es, der wechseln lässt Zeiten und Stunden;
Er setzt Könige ab und setzt Könige ein.
Er gibt den Weisen die Weisheit
und den Verständigen den Verstand.
Er ist es, der das Tiefste und Geheimste enthüllt;
Er weiss, was in der Finsternis ist,
und das Licht wohnt bei ihm
(Daniel 2, 20-22 ZüB).

Das ist ein tiefgründiger Lobpsalm Daniels.
Gott gehört die Weisheit, die über dem Wissen steht.
Weisheit relativiert das Wissen.
Weisheit setzt Wissen in weitere Bezüge, dies sowohl zwischen verschiedenen Wissensgebieten innerhalb einer Epoche, als auch über die jeweilige Epoche hinausgehend, und zwar durch die Verankerung des Wissens in der Geschichte und durch die Öffnung des Wissens hin zur Zukunft der Geschichte und der Heilsgeschichte. Isoliertes Wissen ist äusserst relativ, es wird innerhalb von Jahrhunderten, Jahrzehnten oder schon von Jahren überholt sein. Im Bewusstsein, dass Wissen relativ ist, wird Wissen aber bedeutsam: Eingeordnet in grössere Bezüge kann Wissen zur Weisheit werden und einen Beitrag zu Forschung und Erkenntnis leisten. Daniel ist sich dessen bewusst: Er erkennt, dass sein Wissen ein Geschenk des Ewigen ist und durch den Bezug zur Ewigkeit zur Weisheit geworden ist. **Er erkennt, dass Gott dem Verständigen den Verstand gibt, dass Verstand also keineswegs dem Glauben entgegensteht, sondern dass gerade durch die Einordnung des Verstandes in Gottes tiefste Zusammenhänge das entstehen kann, was den Verstand erst wirksam macht: Ein Verständiger, ein Mensch, der versteht, der zuhört und versteht, weil er erlebt hat, dass Gott zuhört und versteht.**
Daniel sagt von Gott: *„Er weiss, was in der Finsternis ist und das Licht wohnt bei ihm."* Gottes Grösse beschränkt sich nicht darauf, als Licht der Gegenpol zur Dunkelheit zu sein. Gott weiss auch, was in der Finsternis ist. Er ist so umfassend, dass er auch die Dunkelheit, alle Geheimnisse des Lebens, das Schmerzhafte, das Unerklärliche umfasst.

Daniel erlebte Gott auch in der Dunkelheit. Er wurde von seiner Familie getrennt, als Sklave weggeführt, er stand kurz davor, umgebracht zu werden. Gerade in der Bedrohung wusste er sich Gott besonders nahe.

Daniel tritt nun vor den König Nebukadnezar :
„Dir, o König, sind auf deinem Lager Gedanken aufgestiegen, was wohl künftig geschehen werde. Da hat er, der die Geheimnisse enthüllt, dir zu wissen getan, was geschehen wird. Mir aber ist dieses Geheimnis enthüllt worden nicht durch eine Weisheit, die ich vor allen Lebenden voraus hätte, sondern damit dem König die Deutung kundwürde und du die Dinge erführest, mit denen deine Gedanken beschäftigt waren“ (Daniel 2, 29-30 ZüB).

Hinter der Drohung des Königs stand also eine tiefe Angst:
Nebukadnezar, der damalige Weltherrscher, stellte sich die bange Frage, wie es wohl mit seiner Macht weitergehen werde. Und Gott zeigte ihm im Traum ein grosses Standbild, das den Glanz und den Zerfall seines eigenen und der kommenden Weltreiche symbolisierte: Babylonien, Persien, Griechenland und Rom. Gott hatte die Frage des Königs mit einem Traum beantwortet, also in einer Sprache, die für seine Kultur naheliegend war. Wer Gott eine Frage stellt, darf eine Antwort in einer für ihn verständlichen Sprache erwarten.

Zusätzlich zum Traum, zum direkten Wirken von Gott, brauchte es aber auch einen Daniel, einen mutigen Menschen, der den Glauben nicht als Privatsache, sondern als Verpflichtung für sein öffentliches Wirken verstand. Sein betendes Hören rettete ihm selbst, seinen Freunden und allen Weisen Babylons das Leben. Hören auf Gott ist rettend: Für den Hörenden und für seine Umgebung. Vor allem aber führte es dazu, dass der Weltherrscher niederfiel und bekennen musste:
„Es ist wahr, euer Gott ist der Gott der Götter und der Herr der Könige und der Offenbarer der Geheimnisse“ (Daniel 2, 47 ZüB).

Erinnern wir uns an den Anfang der Geschichte: Daniel fasste in seinem Herzen den Entschluss, Gott treu zu bleiben, geschehe, was wolle. Das Herz, hebräisch „leb“, ist mehr als der Sitz der Gefühle. Es ist im hebräischen Denken gleichzeitig der Sitz des Verstands, des Muts und der Weisheit. Ein Entschluss im Herzen klärt die Prioritäten im Leben. Wem diene ich? Was will ich? Zählen die Prioritäten Gottes, wenn es um Entscheide geht, oder zählen materieller Gewinn oder Anerkennung? Daniel war absolut integer. Er hatte nicht zwei Gesichter, je nachdem mit wem er sprach. Er hatte nur eines, und das wendete er Gott zu. Er strahlte im Gespräch mit dem König eine überlegene Ruhe aus. Das war die Konsequenz seiner klaren Prioritäten. Seine Integrität, seine Geradlinigkeit, bedeutete, dass er keine Angst hatte, etwas zu verpassen oder zu kurz zu kommen. Er ass nicht vom Tisch des Königs, weil seine Prioritäten klar waren. Wenn ich Gott treu bleibe, komme ich nicht zu kurz. Das ist Mut, der Mut zum Verzicht auf das, was sich im Leben an die Stelle Gottes drängen will.

Ich wünsche Ihnen ein mutiges Herz. Mögen Sie alles Wissen in Verbindung mit Ihrer Beziehung zu Gott bringen, dann kann daraus Weisheit entstehen.
Ich wünsche Ihnen ein mutiges Herz. Seien Sie echt und integer vor Gott und Menschen. Dann können Sie einen Dienst an der Kirche und der Gesellschaft leisten.
Ich wünsche Ihnen aber auch den Mut zum Träumen: Lassen Sie sich ansprechen von Ungewohntem, von Herausforderungen, von Perspektiven und Aufgaben, die neu sind, von den grossen Gedanken Gottes.

Dann kann durch Sie das wahr werden, was Christus zu seinen Begleitern sagte: *„Ihr seid das Salz der Erde. (...) Ihr seid das Licht der Welt“* (aus Matthäus 5, 13-14 ZüB).

Amen.

Segen

Der Herr segne dich
Er sei dein Feuer
Du seist Feuer und Flamme

Der Herr bewahre dich
Vor versengendem Feuer
Du seist im Feuer bewahrt

Der Herr gebe dir Frieden
Dein quälendes Brennen
Sei hell entflammend gestillt

Aber bitte nicht jetzt!

Markus 10, 13-16

„Aber bitte nicht jetzt!“ Wenn man angespannt ist, erträgt man nicht so viel wie sonst… Lass mich jetzt in Ruhe…, nicht jetzt! Wenn meine Frau mich bittet, mich noch um ein Telefongespräch, einen Brief oder eine Einzahlung zu kümmern, kann ich durchaus mal gereizt reagieren: Aber bitte nicht jetzt! Bin ich wohl der einzige, der das von sich so kennt?

1. Jesus war auf seinem letzten Weg nach Jerusalem, zur Kreuzigung. Er wusste, was auf ihn zukam und war entsprechend angespannt. Die Jünger spürten dies, ohne zu wissen, was Jesus wusste. Aber sie wollten Jesus vor Störungen schützen, ihn vor der Menge schützen. Ausgerechnet jetzt kamen Frauen mit ihren Kindern. Sie wollten nur das, was alltäglich und normal war, nämlich ihre Kinder von Jesus segnen lassen. Es war ja üblich, dass Mütter ihre Kinder um den ersten Geburtstag herum zu einem Rabbi brachten, um sie segnen zu lassen. Die Jünger meinten es gut, als sie sagten: „Aber nicht jetzt, lasst Jesus doch einen Moment in Ruhe.“ Sie wollten Jesus so schützen, wie eine Frau ihren Mann schützt, der angespannt und müde von der Arbeit heim kommt. (Oder umgekehrt, ein Mann, der seine berufstätige Frau schützt.)

Aber Jesus **wollte** die Kinder segnen. Er wollte ihre Nähe zu ihm zulassen, seine Nähe zu ihnen zulassen. *„Lasst die Kinder zu mir kommen und wehret es ihnen nicht, denn solchen gehört das Reich Gottes. (...) Wer das Reich Gottes nicht annimmt wie ein Kind, wird nicht hineinkommen. Und er umarmte und segnete sie, indem er ihnen die Hände auflegte.“* (Markus 10, 14-16 ZüB) In der Guten Nachricht-Übersetzung steht: *„Gerade für Menschen wie sie steht die neue Welt Gottes offen. Täuscht euch nicht: Wer sich der Liebe Gottes nicht wie ein Kind öffnet, wird sie niemals erfahren.“*

2. „Sich der Liebe Gottes öffnen wie ein Kind“ – was soll das heissen? Wir waren bei einer Familie zu Besuch, die wir erst zweimal zuvor getroffen hatten. Uns empfing die 5-jährige Sophie: „Ihr seid die Studers…“ Sie nahm mich an der Hand und führte mich ins Haus. „Willst du meine

Spielsachen sehen? Ich zeige dir mein Zimmer!“ Sophie versprühte Offenheit, Direktheit, Vertrauen und Unbefangenheit.
Es gibt auch Erwachsene, die so viel Spontaneität behalten haben, dass sie offen sind wie Kinder. Petrus war einer von ihnen. Bei ihm kommt eine weitere Eigenschaften dazu, die auch Kinder auszeichnet, nämlich Mut.

Denken wir an eine Stelle in Matthäus 14, 22-33: Die Jünger sind alleine im Schiff mitten auf dem See Genezareth, sie kommen in Not, sind Wellen und Wind ausgesetzt. Das Schiff ist nicht mehr steuerbar, wenn das Steuerruder bei jeder Welle aus dem Wasser ragt. In der grössten Not merken sie, dass Jesus auf dem Wasser zu ihnen kommt. Er ruft ihnen zu: „Seid getrost, ich bin’s, fürchtet euch nicht!“ Und jetzt kommt die Reaktion von Petrus: *„Herr, bist du es, so heisse mich zu dir auf das Wasser kommen.“* So kindliches, tiefes Vertrauen! Jesus sagt zu ihm „Komm“, und da trägt das Wasser auch den Petrus. Der sieht plötzlich Wind, Wellen, er wird nass, er sinkt, er schreit: „Herr, rette mich!“ Wie ein Kind, das zu hoch auf die Mauer klettert, nicht mehr runter kann und dann ruft: „Papa, fange mich auf!“ Jesus streckt ihm die Hand hin und fragt ihn, warum er gezweifelt habe. Jesus steigt zu den Jüngern ins Boot. Der Wind legt sich. Noch im Boot werfen sich die Jünger vor Jesus hin und bekennen: Du bist in Wahrheit Gottes Sohn. Tja, fast ist es schief gegangen mit Petrus im Wasser. Sich öffnen wie ein Kind schliesst das mit ein. Fehler machen, das ist bei Jesus erlaubt, ist kein Problem für ihn. Er hatte vielmehr Probleme mit den Fehlervermeidern, den Schriftgelehrten, die meinten, ja alles richtig machen zu müssen.

Bei Kindern geht auch mal was schief. Beim erwähnten Besuch war da noch die 2-jährige Katharina. Die wollte gerne mithelfen. Sie hörte, dass es aufs Kuchenessen zuging und kombinierte als gescheites Kind: Jetzt geht es um die Torte. Diese stand bereit, schön dekoriert, Katharina packte die Platte und marschierte mit zwei, drei schwankenden Schritten los, die Platte neigte sich gegen 45 Grad, als ich die Torte im letzten Moment retten konnte.

3. Bei Petrus gab es eigentlich nichts mehr zu retten, als er später, in der Nacht vor der Kreuzigung, Jesus verleugnete. Und doch ging Jesus nach der Auferstehung auf ihn zu. Hast du mich lieb…? Weide meine Schafe! Ja, solche Leute kann er brauchen, bei denen auch mal was schief geht, die sich aber helfen lassen. In dieser Hinsicht gleicht Jesus selbst auch gerade einem Kind: ER vergibt, vergibt immer wieder. So sind die Kinder: Kinder verzeihen schnell, wollen wieder Frieden, wollen, dass es wieder gut ist. Haben sie eine Puppe oder im Sandhaufen eine Plastik-Schaufel über den Kopf gezogen bekommen, so weinen sie. Wurden sie getröstet, spielen sie weiter mit der Täterin, dem Täter. Sie vergeben schnell.

Ohne Vergebung kein Himmelreich. „Vergib uns unsere Schuld, wie auch wir vergeben haben..." Das ist absolut zentral für jede zwischenmenschliche Beziehung. Da habe ich einen mehrseitigen Artikel gelesen im GEO, also keiner speziell christlichen Zeitschrift (Geo Magazin Nr. 07/2010: Paarforschung. Was die Liebe krisenfest macht). Die Fragestellung lautete: „Was ist entscheidend dafür, dass Paare zusammen bleiben?" Alle möglichen Thesen wurden untersucht, Charakterähnlichkeit, sexuelle Anziehung, gleiche Herkunftsschicht. Nach mehreren Seiten folgte das „völlig überraschende" Resultat: Bei neuesten Forschungen in den USA sei ein Phänomen entdeckt worden, das für das Zusammenbleiben von Paaren am meisten ausschlaggebend sei: *Forgiveness*. Ja, im deutschen Text steht auf Englisch *Forgiveness*, da es ja ein neues Forschungsresultat aus Amerika ist. *Forgiveness*, Vergebung. Die Bibel ist echt aktuell, die bringt sogar schon die neusten Forschungsresultate aus amerikanischen Studien von 2011.

Ernsthaft: Vergebungsbereitschaft ist die Basis jeder Gemeinschaft. Wer jemandem etwas nachträgt, hinkt bereits einige Schritte hintendrein, sonst könnte er das Alte ja nicht nachtragen. Wer nachträgt, bleibt zurück, denn er hat schwer zu tragen. Wer viel nachträgt, kommt nicht mehr vom Fleck, bleibt stehen, wird erdrückt von all dem, was er andern nachträgt, bleibt stehen, versinkt im Groll, im Nachtragen, im „Ich habe doch Recht", so wie Petrus fast im See versunken wäre. Da hilft die Hand, die Jesus ausstreckt, wenn wir schreien: „Rette mich!" Jesus übernimmt das Gewicht, das wir andern nachgetragen haben, versenkt es im Meer, damit wir wieder atmen können, damit wir nicht im Selbstmitleid und der Selbstgerechtigkeit versinken. Kinder sind nicht nachtragend. Sie öffnen sich dem Reich Gottes, das schon hier beginnt.

4. Kinder sind offen, sie nehmen andere, auch fremdländisch Aussehende schnell in ihre Spielrunde auf, falls nicht Erwachsene sie vorher davor gewarnt oder Misstrauen gesät haben. Kinder haben von sich aus keine Vorurteile. Das macht sie so offen für das Reich Gottes.

5. Jesus sprach aramäisch und hebräisch. Kinder sind auf Hebräisch: *j'ladim*, oder ein Kind: *jäläd*. Dahinter steht das Verb *jalad: jalad* bedeutet gebären, und wenn es in Bezug auf Männer verwendet wird, bedeutet es zeugen. Das Wort *Kinder* bedeutet also: Gezeugte und Geborene. Da ist immer der Ursprung mit drin, die Eltern. Öffnet euch dem Himmelreich wie Geborene. Was sagte Jesus einmal dem Nikodemus (Johannes 3,3 ZüB)? *"Wenn jemand nicht von oben her geboren wird, kann er das Reich Gottes nicht sehen."* Zu werden wie die Kinder, das geschieht nicht durch Anstrengung, schon gar nicht durch kindliches Gehabe oder kindisches Getue. Es ist eine Frage der Geburt, des neu geboren Werdens. Darum können wir bitten, für uns und für andere. In der jüdischen Tradition erhielt ein Kind den ersten Segen gleich nach der Geburt durch seinen Vater. Der nahm das Kind auf den Schoss, segnete es und anerkannte es dadurch offiziell als sein eigenes Kind. Wenn Christus die Kinder und Menschen generell segnete, vermittelte er ihnen die Zusage, dass Gott sie als seine Kinder anerkennt.

6. Und nun denken wir noch daran, dass Kinder um das Jahr 30 im römischen Reich kaum Rechte hatten. Im Judentum waren sie immerhin Gesegnete, sie wurden auch als Segen wahrgenommen. Deshalb war den Juden die Erziehung und Schulung der Kinder schon immer sehr wichtig. Aber im römisch-griechischen Umfeld hatten sie sehr, sehr wenig Rechte. Der Hausvater durfte in der römischen Kaiserzeit (ca. ab 300 v. Chr.) Kinder züchtigen, Neugeborene aussetzen, verpfänden, verkaufen oder gar töten. Mädchen waren von diesen Möglichkeiten besonders schwer betroffen (vgl. Lutterbach, H., Kinder und Christentum. Stuttgart, 2010, S.39-40).

Griechische Autoren, u.a. Platon und Aristoteles forderten, dass behinderte Kinder direkt nach der Geburt getötet oder ausgesetzt werden. Dass Christen sich vehement durch ihre lebensbejahende Grundüberzeugung gegen die Tötung von Neugeborenen einsetzten, schlug sich im 4. Jahrhundert nach Christus erstmals auch in der römischen Gesetzgebung nieder (vgl. Blank, D., Die Kindestötung in rechtlicher und kriminologischer Hinsicht, Kiel, 1966).

Auch entstammen 90% aller frühmittelalterlichen Bestimmungen zum Schutz von Kindern vor sexueller Gewalt aus kirchlichen Schriften (vgl. Schwarz, H.W., Der Schutz des Kindes im Recht des frühen Mittelalters, Siegburg, 1993).

Umso tragischer sind bis heute Fälle von Missbrauch durch kirchliche Autoritäten. Schauen wir aber nicht nur schaudernd zurück auf die Zeiten der Griechen und Römer, schärfen wir den Blick auch für die Gegenwart.

UNICEF geht davon aus, dass etwa zwei Millionen Kindern zwischen fünf und vierzehn Jahren sexuelle Gewalt angetan wird. „Gewalt an Kindern findet über alle sozialen Schichten und jedes Alter hinweg statt. Doch einige Kinder sind besonders gefährdet, ausgebeutet und missbraucht zu werden: Mädchen, die zu früh verheiratet werden, Kinder in bewaffneten Konflikten, Strassenkinder, Waisenkinder, Kinder, die in grosser Armut aufwachsen und arbeiten müssen und Kinder, die in Heimen leben oder in Gefängnissen für Erwachsene gefangen sind." (www.unicef.ch/de/so-helfen-wir/programme, abgerufen am 12.2.2015). Weltweit leidet zudem jedes vierte Kind an Hunger. „Rund 40% der jährlich 11 Millionen Todesfälle von Kindern unter 5 Jahren in Entwicklungsländern liegt Mangelernährung zugrunde." (ebd.) „Täglich sterben 17'000 Kinder vor ihrem fünften Geburtstag – das sind 6,6 Millionen Kleinkinder pro Jahr. Sie sterben an vermeid- oder behandelbaren Krankheiten, wie Lungenentzündungen, Durchfallerkrankungen oder Malaria." (ebd.)

Kinder sind bis in unsere Zeit schutzlos und daher auf den Schutz der Erwachsenen angewiesen. Jesus segnete die Kinder. Segnen, sie dem Schutz Gottes anbefehlen: Das ist auch unser Auftrag. Wenn wir uns dem Himmelreich öffnen, dann können wir handeln wie Christus: Uns engagiert einsetzen dafür, dass Kinder nicht geschlagen und missbraucht werden, dass ihre Offenheit nicht missbraucht wird, und dass sie – weltweit – nicht verhungern müssen. Auch das ist eine Folgerung aus unserem Text.

7. Kinder versorgen sich noch nicht selbst – ausser Kinder auf den Müllhalden, die sich selbst versorgen müssen. Normalerweise sind Kinder

Empfangende. Sie empfangen nicht nur das Essen von ihren Eltern. Sie empfangen auch die Werte und Wertvorstellungen von ihren Eltern. Kinder wollen durchaus in Übereinstimmung mit den Werten ihrer Eltern leben. Eltern vermitteln ihre Werte den Kindern durch ihre Nähe, nicht durch ihre Worte.

Wenn wir uns selbst öffnen wie die Kinder, wenn wir die Nähe Gottes so suchen, wie Kinder die Nähe der Eltern suchen, dann werden wir auch die Werte unseres Schöpfers übernehmen und ausleben. Die Nähe zu Gott ordnet mein Innenleben, so wie die Nähe zu den Eltern das Innenleben der Kinder ordnet. Nicht nur in Angstsituationen, auch in Beziehungsfragen, bei Überforderungen im Beruf, bei schwierigen Entscheidungen, bei Trauer oder Krankheit dürfen wir uns wie Kinder zu Jesus schieben lassen und uns dem öffnen, was er uns schenken will: eine neue Sicht der Situation, neue Kraft, um die Situation zu bewältigen, Leben aus der Vergebung, frei werden von Vorurteilen, einen Neuanfang, ein neues Leben, eine neue Lebensqualität oder ein neues Ja zu unserem Loslassen, zu unserer Endlichkeit. Und er umarmte und segnete sie, indem er ihnen die Hände auflegte.

Amen.

Kinder

Kinder schauen mit den Ohren
hören mit den Augen
schmecken Farben
Kinder spüren den lieben Gott

Kinder lesen Gefühle
tanken Liebe
erdulden Ungeduld
Kinder vertrauen blind

Kinder sind offen
sind müde
lernen spielend
Kinder singen laut

Kinder sind verletzlich
sind verletzend
weinen von Herzen
Kinder träumen vom Himmel

Kinder lachen
schreien
streiten
Kinder machen Frieden

Kinder wissen Undenkbares
denken Unsichtbares
sehen Unausgesprochenes
Von Christus gesegnete Kinder

Ist Ihnen noch zu helfen?

Lukas 10, 25-37 (nach ZüB)

Ein Gesetzeskundiger tritt auf, um Jesus zu versuchen: *„Meister, was muss ich tun, damit ich das ewige Leben ererbe?* Jesus antwortet: *„Was steht im Gesetz geschrieben? Was liest du dort?"* Der Mann antwortet: *„Du sollst den Herrn, deinen Gott, lieben von ganzem Herzen und mit deiner ganzen Seele und mit deiner ganzen Kraft und mit deinem ganzen Denken" und „deinen Nächsten wie dich selbst!" „Du hast recht geantwortet"*, sagt Jesus. *„Tue das, so wirst du leben."*
Aber der Gesetzeslehrer will sich verteidigen und fragt Jesus: *"Und wer ist denn mein Nächster?"* Da beginnt Jesus zu erzählen:
„Ein Mensch ging von Jerusalem nach Jericho hinab und fiel Räubern in die Hände; die zogen ihn aus und schlugen ihn und gingen davon und liessen ihn halbtot liegen. Zufällig aber ging ein Priester diese Strasse hinab; und er sah ihn und ging vorüber. Ebenso kam auch ein Levit an den Ort, sah ihn und ging vorüber. Ein Samariter aber, der unterwegs war, kam in seine Nähe, und al er ihn sah, hatte er Erbarmen mit ihm und trat hinzu, verband seine Wunden, indem er Öl und Wein darauf goss, hob ihn auf sein Tier, brachte ihn in eine Herberge und pflegte ihn. Und am folgenden Tag nahm er zwei Denare heraus, gab sie dem Wirt und sagte: Pflege ihn! Und was du mehr aufwenden wirst, will ich dir bezahlen, wenn ich wiederkomme."
Da fragt Jesus. *„Welcher von diesen dreien, dünkt dich, sei der Nächste dessen gewesen, der den Räubern in die Hände gefallen war?"* Der Gesetzeslehrer antwortete, es sei der gewesen, welcher ihm geholfen hat. Jesus erwiderte: *„Dann gehe auch du hin und mache es gleich!"*

Der Gesetzeskundige fragt: ***„Und wer ist mein Nächster?"*** Jesus holt ihn dort ab, wo der Fragende sich auskennt: Beim Gesetz. Liebe Gott... und deinen Nächsten wie dich selbst. Nachdem Jesus das Gleichnis erzählt hat, fragt Jesus: *„Welcher von diesen dreien, dünkt dich, sei der Nächste dessen gewesen, der den Räubern in die Hände gefallen war?"*
Achtung: Jesus fragt nicht: Wer war der Nächste für den Priester, für den Leviten und für den Samariter? Klar, dann wäre der Überfallene, der Hilfsbedürftige der Nächste. Jesus wechselt die Perspektive. Wer war aus

der Sicht des **Hilfsbedürftigen** der Nächste? Es war der, welcher zu ihm barmherzig war. Der Samariter war also der Nächste. Jesus bringt somit den Gesetzeslehrer dazu, seine eigene Perspektive zu verlassen. Es reicht nicht, zu fragen: „Wer gehört zu mir, zu meiner Gemeinde, zu meinem Glauben, wer ist mir sympathisch?“ Auch nicht: „Wem soll ich aus Mitleid helfen oder Almosen geben?“
Jesus bringt ihn dazu, **aus der Sicht des Bedürftigen** zu fragen: „Wer ist mein Nächster? Wer kreuzt meinen Weg, wenn ich verletzt bin, wer steigt vom hohen Ross, wer hilft mir, dass ich am Leben bleibe, wer hat Erbarmen mit mir?“ Das ist die Perspektive, die Jesus dem Frommen zumutet: „**Du** bist der Hilfsbedürftige – wer hilft **dir**? Wer ist **dein** Nächster? Aha, ein Samariter hilft dir, ein Ungläubiger, einer aus der Welt, lässt du dir von ihm helfen? Und nimmst du ihn dann erst noch zum Vorbild?“
„Der Ausländer ist dein Nächster – und der Ausländer hat vor dir gemerkt, wer **sein** Nächster ist.“ So lautet die Aussage in der Kurzform.

Das ist ziemlich schockierend an diesem Gleichnis. Da werden die Rollen vertauscht. Der, welcher sich stark und gut und gläubig fühlt, der aus der Position der Stärke auch mal einem Armen hilft, weil das Gesetz es verlangt, soll nun aus der Perspektive des Schwachen, Hilfsbedürftigen erkennen: Ein Samariter, einer, der falsch glaubt, ist mein Nächster; er hilft mir, Jesus setzt ihn mir zum Vorbild.
Diese Interpretation steht im Einklang mit einer weiteren Samariter-Stelle: Jesus begegnet einer Samariterin am Brunnen, nachzulesen in Johannes 4, 5-40. Jesus braucht ihre Hilfe, er begegnet ihr als Hilfsbedürftiger: *„Gib mir zu trinken“* (Johannes 4, 7b ZüB)! Jesus holt sie ab, wo sie sich auskennt: Beim Wasserholen. Und Jesus schaut sie als Nächste an, als eine Frau, die ihm helfen kann. Als zweiter Schritt wird auch er ihr helfen. Er braucht ihre Hilfe und bietet ihr auch seine Hilfe an. Das ist Wertschätzung, eine Begegnung auf Augenhöhe mit der Frau, die nicht den besten Ruf genoss. Zuerst bittet Jesus sie um Hilfe, dadurch wird sie zur Nächsten für Jesus. Die Nächsten sind die, denen gegenüber wir auch hilfsbedürftig sein können.

Wie lautete die Frage des Gesetzeskundigen wieder? *„Was muss ich tun, damit ich das ewige Leben ererbe?“* Im Markusevangelium Kapitel 10, 17 stellt ein Reicher Jesus die genau gleiche Frage, es ist die bekannte Stelle mit dem Nadelöhr. Unmittelbar davor, Markus 10, Verse 15-16 (ZüB), gab

Jesus schon eine Antwort auf diese Frage: *„Wer das Reich Gottes nicht annimmt wie ein Kind, wird nicht hineinkommen."* Kinder sind bedürftig, sie wissen, dass sie einen Nächsten brauchen. Nicht aus der Perspektive der Helfenden, der Reichen, sondern aus der Perspektive der Hilfsbedürftigen, das war auch die Lektion für die Jünger, die schon drei Jahre mit Jesus unterwegs gewesen waren, und dies anscheinend erst jetzt begriffen haben: Begreift, dass ihr Hilfe braucht!

Das christliche Hilfswerk *„Servants to Asia's Urban Poor"* arbeitet in den Elendsvierteln Asiens, unter anderem in den Slums von Manila. Ich nenne dieses Beispiel, da ich drei der Mitarbeiter persönlich kenne. Sie haben als junge, gut ausgebildete Erwachsene beschlossen, die Schweiz zu verlassen und ihr Leben mit den Slumbewohnern in Manila auf den Philippinen zu teilen. Sie zogen entsprechend den Grundprinzipien des erwähnten Hilfswerks selbst in eine Slumhütte, als Untermieter von Slumbewohnern. Da waren sie zuerst hilflos wie Kinder. Wie soll man sich waschen ohne fliessendes Wasser, wo kann man überhaupt Wasser holen? „Gib mir Wasser", das kommt uns seit der Samariterin bekannt vor. Einer unserer Söhne hat als Praktikant mitgeholfen. Die ersten Wochen ging es nicht darum zu helfen, sondern sich helfen zu lassen, eben, das Leben zu teilen mit einer Familie in einer einfachen Slumhütte. Lernen zu leben ohne alles, was für uns selbstverständlich ist. Hilflos sein. Wo ist es gefährlich, wo nicht? Wie bewege ich mich zwischen Menschen, die auf dem Müll oder vom Müll leben? Dies ist das für mich überzeugendste 2/3-Welt-Projekt: Leben bei den Armen, abhängig sein von den Armen, und nicht nur von Christen, auch von Andersgläubigen, einer von ihnen werden, und ihnen dann erst als zweiter Schritt auch zu dienen mit unseren Möglichkeiten und ihnen zu erzählen von der guten Nachricht, die dem Menschen seine Würde zurückbringt. Unterdessen sind aus dieser Arbeit mehrere *‚Onesimo'*-Ausbildungszentren, Tagesschulen, Kinderheime und Suchtberatungsstellen entstanden.

In Matthäus 25 geht es ab Vers 31 um das Endgericht über die Völker. Nicht die christliche Gemeinde ist hier das Thema, sondern alle Völker. Beim Trennen der Schafe und der Böcke, wie es dort bildhaft heisst, sagt Jesus: *„Ich war hungrig, und ihr habt mir zu essen gegeben; ich war durstig, ihr habt mir zu trinken gegeben, ich war fremd, und ihr habt mich beherbergt, ich war nackt, ihr habt mich bekleidet, ich war krank, ihr habt* *mich besucht, ich war im Gefängnis, und ihr seid zu mir gekommen.“* Die Geretteten, die Schafe, die gerecht Gesprochenen fragen ihn: *„Wann haben wir dich hungrig, durstig, nackt, gefangen (...) gesehen?“* Und der König wird ihnen antworten: *„ Was ihr für einen meiner geringsten Brüder getan habt, das habt ihr für mich getan.“* Auf die, welche es versäumt haben, den geringsten Brüdern zu helfen, wartet die ewige Strafe; die, welche Gottes Willen getan haben, empfangen das ewige Leben. „Meine geringsten Brüder“, das sind die, welche Jesus „Brüder“ nennt, also Gläubige, die hilfsbedürftig sind oder verfolgt werden. Wer immer aus den weltweiten Völkern einem Menschen, der den Willen Gottes tut, hilft in der Not, der hilft **mir**, sagt Jesus in Matthäus 25, 31-40.

Das führt uns zurück zum Gleichnis vom hilfsbedürftigen Überfallenen und seinem Nächsten, dem Samariter. Wer ist unser Nächster? Wer ist unser Samariter? Wir haben unter anderem auch muslimische Freunde, eine irakische Flüchtlingsfamilie. In ein paar Wochen sind wir wieder bei ihnen zu Gast. Lassen wir uns so ein auf die ‚Fremden', auch die anders Gläubigen, dass wir froh sind um ihre Hilfe, ihre Einladungen annehmen – und aus einer gewachsenen Beziehung heraus dann auch für sie zum Nächsten werden?

Amen.

Meine Seele schreit zu dir

Kehle weit offen,
der Sehnsucht Schlund.

Reissendes Hoffen,
getroffen im Grund.

Seele verletzbar,
nach aussen gekehrt.

Dem, der zuletzt war,
blieb alles verwehrt.

Schutzlos begehrend,
alles verzehrend.

Schreie, verhallend,
fallend, stumm fallend.

Gehalten, gefunden,
an Quellen gestillt.

Getragen, verbunden,
zu leben gewillt.

Nichts mit auf den Weg nehmen

„Und er rief die Zwölf zu sich und fing an, sie je zwei und zwei auszusenden, und gaben ihnen die Macht über die unreinen Geister. Und er befahl ihnen, sie sollten nichts mit auf den Weg nehmen als nur einen Stab, kein Brot, keine Tasche, kein Geld im Gürtel, sondern nur Sandalen an den Füssen; und zieht nicht zwei Röcke an! Und er sprach zu ihnen: Wo ihr in ein Haus eintretet, da bleibt, bis ihr von dannen weiterzieht“ (Markus 6, 7-10 ZÜB).

Als wir im Jahr 1983 als damals dreiköpfige Familie mit Kleinkind für vier Jahre aus der Schweiz nach Peru ausreisten, legten wir wohl über 100 Kilogramm auf die Waage beim Check-in-Schalter auf dem Flugplatz. Ja, wir hatten mehr als zwei Röcke und eine Tasche dabei – und würden wir heute ausreisen, so ginge es uns wohl wieder sehr ähnlich.

Was bezweckte Jesus damit, dass er seine Jünger so mittellos, ohne Vorräte, ohne Ersatzkleider auf den Weg schickte? Einerseits wollte er sie wohl erleben lassen, was es heisst, ganz von Gott abhängig zu sein. Das fällt uns rundum versicherten Mitteleuropäern sowieso äusserst schwer. Gerade Peruaner sind uns im Bewusstsein der direkten Abhängigkeit von Gott um einige Nasenlängen voraus. Viele südamerikanische Freunde haben uns darin immer wieder Nachhilfeunterricht gegeben.

Andrerseits wollte Jesus seine Jünger richtig eintauchen lassen in Häuser und Familien, die ihnen Gastrecht gewähren würden. Die Jünger sollten das Evangelium nicht nur auf dem Platz vor der Herberge predigen, sondern es in den Häusern leben, als mittellose, von den Gastgebern abhängige Besucher.

Bleiben wir bei der Auslegung aber nicht nur am Geld und Gepäck hängen. Geld und Gepäck stehen als äussere Symbole für eine innere Haltung. Nach rabbinischem Recht musste jeder, der Tempelvorhöfe betrat, seinen Stab, seine Schuhe und seinen Geldgürtel ablegen. Die Zeichen menschlichen Ansehens, heute die ‚Statussymbole', mussten also abgelegt werden, um sich Gott zu nähern. Es geht Christus hier wohl um eine Grundhaltung, nämlich um das Bewusstsein, nichts, aber auch gar nichts mitzubringen, wenn es um die Verkündigung von Gottes Reich geht. In Peru haben wir es bei uns selbst erlebt, dass wir in der Gefahr stehen, viel zu viel bringen zu wollen. Viele, auch falsche, Erwartungen drängten uns in die Rolle eines Vorbilds. Das ist gefährlich, denn plötzlich meint man, sich als Vorbild gebärden zu müssen, die weisse Seite der Weste gegen aussen gekehrt. Aber dieses veraltete Missionsverständnis ist zum Glück überwunden. Wir wollten keine Helden sein, wir wollten die Südamerikaner nicht zu passiven Empfängern unserer Hilfe machen, wir wollten uns ihnen unterstellen, uns in Frage stellen lassen, wir wollten gegenseitig voneinander lernen. Aber immer wieder, so haben wir es erlebt, stolpern wir dabei über unser Gepäck; Gepäck in Form von Kultur, die wir als Teil von uns selbst mitbringen, Gepäck in Form von Frömmigkeit, in die wir hineingewachsen sind, Gepäck in Form von Erwartungen an das Verhalten der südamerikanischen Gastgeber.

Doch wie können wir die frohe Botschaft denn überhaupt weitergeben, sei es unseren Nachbarn hier oder in Südamerika? Wohl als das, was Jesus von den Jüngern erwartete: Als auf Hilfe angewiesene Menschen mit offensichtlichen Schwächen. Nicht als Hausherren, sondern als Gäste. Als echte Menschen, die versagen und verzagen, die zweifeln, manchmal krank sind, Menschen, denen andere wieder auf die Beine helfen. Nicht unsere Vorbildlichkeit als Christ, sondern unsere Echtheit als Mitmensch ist gefragt. Je ‚christlicher' wir uns geben, desto höher bauen wir die Hürde, die andere überwinden müssen, wenn sie Christus durch uns begegnen wollen. Wenn wir andere jedoch teilhaben lassen an unseren Zweifeln, an unserer Ungeduld, unseren Enttäuschungen und unserer Schwäche, so begegnen wir ihnen als Wanderer auf einem gemeinsamen Weg. „Wie kann ich helfen?", fragte eine liebe Nachbarin meine Frau, als eines unserer Kinder schwer erkrankte. „Bete für uns", antwortete meine Frau. „Wie soll ich beten?" „So wie wir miteinander reden. Wir können auch gemeinsam beten." Die nachbarschaftliche Beziehung wuchs so in eine neue Qualität hinein. Übrigens wird auch Vergebung für andere dadurch am ehesten verständlich, dass wir versagen und sie um Vergebung bitten.

Wer um seine Schwächen und Begrenzungen weiss, den kann Gott ausrüsten mit Vollmacht. Der Text spricht von der Macht über die unreinen Geister. Da kann es nicht um menschliche Autorität gehen, sondern um die Macht Gottes. Ausser leeren Händen können Menschen da wenig dazu beitragen. Gott kann Grosses bewirken, er kann von alten Bindungen befreien. Jesus schickte die Jünger wohl zu zweit aus, damit danach keiner für sich in Anspruch nehmen kann, er könne Machttaten vollbringen. Liess

Gott einen Menschen gesunden, so blieb es wohl offen, durch welchen der beiden das geschehen war. Gemeinsam salbten sie Kranke mit Öl. Keiner sollte als Held dastehen, die Machttaten sollten alleine auf Gott verweisen. So konnte dem Machtmissbrauch unter religiösen Vorzeichen vorgebeugt werden. Das gilt bis heute: **Vollmacht ohne Ohnmacht ist nur Macht.** Und diese Macht kann für sehr menschliche Ziele unter christlichem Deckmantel missbraucht werden.

Weder mein Können, noch mein Versagen sind entscheidend. Entscheidend ist alleine Gottes Gnade über meinem Leben und über dem Leben der Menschen, mit denen ich gerade unterwegs bin. Diese Gnade kommt in einer Parallelstelle zu unserem Text, in Matthäus 10 ab Vers 12 als Friedensgruss zum Ausdruck. Einander Frieden zu wünschen, das ist mehr als ein guter Wunsch: Es bewirkt Klarheit und Offenheit in der Beziehung zueinander und stellt Gott als Verbindung ins Zentrum dieser Beziehung:

„Wenn ihr aber in ein Haus eintretet, so grüsset es! Und wenn das Haus würdig ist, soll euer Friedensgruss über dasselbe kommen" (Matthäus 10, 12-13a ZüB).

Der Friede Gottes sei mit Ihnen.

Amen.

Denn dein ist das Reich

Das Himmelreich ist
fantasiereich
farbenreich,
bewegungsreich,
menschenreich:

Reich an Begeisterten,
die als Armselige belächelt wurden.

Reich an Fröhlichen, die tanzen
nach Nächten trostloser Trauer.

Reich an Angekommenen,
die verfolgt wurden, bis sie ans Ziel gelangten.

Was bei den Menschen unmöglich ist, das ist bei Gott möglich.

Lukas 18, 27

Zuerst frage ich Sie: Was ist bei Menschen unmöglich?
Was denken Sie? Alle guten Vorsätze einzuhalten? In der Schule nur sehr gute Noten zu schreiben im kommenden Jahr? Sich nie mehr zu ärgern über einen lieben Mitmenschen?
Oder fantasievoller: Mal eine kurze Zeitreise in die Vergangenheit oder in die Zukunft, plaudern mit Höhlenbewohnern oder mit unseren Ur-Ur-Ur-Grosskindern?
Oder ernsthafter: Nie mehr Krieg auf der Welt? Die Gesellschaft mit Null Co2-Ausstoss? Die Heilung einer unheilbaren Krankheit?

Langsam müssen wir uns fragen: In welchem Zusammenhang steht dieser Text überhaupt, worum geht es denn im Text? Was ist bei Gott möglich?
Der Kontext der Stelle ist unbequem. Ein Reicher fragt Jesus: *„Guter Meister, was muss ich tun, damit ich das ewige Leben ererbe? Jesus aber sprach zu ihm: Was nennst du mich gut? Niemand ist gut ausser Gott allein. Du kennst die Gebote: "Du sollst nicht ehebrechen; du sollst nicht töten; du sollst nicht stehlen; du sollst nicht falsches Zeugnis reden; ehre deinen Vater und deine Mutter." Er aber sagte: Dies alles habe ich gehalten von Jugend auf. Als Jesus das hörte, sprach er zu ihm: Eins mangelt dir noch. Verkaufe alles, was du hast, und verteile es an Arme, so wirst du einen Schatz in den Himmeln haben; und komm, folge mir nach! Der aber wurde tief betrübt, als er dies hörte; denn er war sehr reich. Als ihn aber Jesus (so traurig) sah, sprach er: Wie schwer kommen die Reichen in das Reich Gottes! Denn es ist leichter, dass ein Kamel durch ein Nadelöhr geht, als dass ein Reicher in das Reich Gottes kommt. Da sagten die, welche das gehört hatten: Wer kann dann gerettet werden? Er aber sprach: Was unmöglich ist bei den Menschen, ist möglich bei Gott "* (Lukas 18, 18-27 ZüB).

Es ist unmöglich, dass ein Reicher in den Himmel kommt. Im Vergleich zum Rest der Welt sind die meisten Mitteleuropäer reich.

Das Bild vom Nadelöhr zeigt: Das Kamel ist zu gross. Das ‚Nadelöhr' war wahrscheinlich der Name eines kleinen Tors in Jerusalem, durch das ein

Kamel nicht hindurch passte. Ob Nadelöhr oder Stadttor, die Aussage bleibt die gleiche: Menschlich gesehen unmöglich. Zu viel hat der reiche Jüngling zu verlieren. Die Jünger sind auch entsetzt, sie fragen: Wer kann denn gerettet werden?

Bei Reichen ist der Ballast zu gross.
Haben wir zu viel in den Händen, um von Gott das ewige Leben zu empfangen? Dazu braucht es leere Hände.
Haben wir zu viel Unsinn in den Händen, um von Gott den Sinn des Lebens zu empfangen zu können?
Haben wir zu viele Video-Bilder vor Augen, um uns von den Augen Gottes leiten zu lassen?
Haben wir zu viel Lärm in den Ohren, um den feinen Wind, den Geist Gottes, die Stimme Gottes zu hören?
Haben wir zu viel Geld, um so viel geben zu können wie die arme Witwe im Tempel? Haben wir zu viel, um alles geben zu können? Macht uns das traurig? Mich schon.

Die Jünger fragen: „Wer kann denn gerettet werden?“ Die Antwort: „Verkaufe, was du hast und gib es den Armen und folge mir nach.“ Was heisst das?

Es heisst zuerst einmal in Bezug aufs Geld: Wir können nichts mitnehmen. Aber „vorausschicken“ können wir es: *„Sammelt euch nicht Schätze auf Erden, wo Motte und Rost (sie) zerfressen und wo Diebe einbrechen und stehlen. Sammelt euch vielmehr Schätze im Himmel, wo weder Motte und Rost (sie) zunichte machen und wo Diebe nicht einbrechen und stehlen! Denn wo dein Schatz ist, da wird auch dein Herz sein“* (Matthäus 6, 19-21 ZüB).

Es geht im Umgang mit Reichtümern, mit Geld, um die richtigen Prioritäten. Das fällt gerade den Schweizern – und ich spreche als Schweizer – schwer, sehr schwer.

Was heisst das Wort von Jesus in Bezug auf die Nachfolge? Wir leben ja nicht vor 2000 Jahren und können einfach dem sichtbaren Jesus folgen auf seinen Wanderungen durch Israel. Was können wir verlassen, hinter uns lassen? Die Wohnung verlassen und von jetzt an im Freien übernachten?

Weshalb soll das Gottes Willen entsprechen? Als Jugendlicher die Eltern verlassen und dann von der Polizei heimgebracht werden? Als Erwachsene sich nicht mehr um die alternden, gebrechlichen Eltern kümmern? So kann es ja kaum gemeint sein.

Es geht vielmehr um das Setzen von klaren Prioritäten. Nach welchen Prioritäten treffe ich Entscheidungen? Gut ist, was mir das Leben erleichtert, was mir Lust bereitet, was mich gut aussehen lässt – oder gut ist, was das Zusammenleben erleichtert, was auch andern dient, was wahr ist? Ist es wichtig, dass ich die neuste Spielkonsole besitze, dass die Aktienkurse wieder steigen, dass meine Position besser wird – oder ist wichtig, dass ich mit mir, mit den andern und mit Gott im Reinen bin?
Prioritäten zu setzen kann auch bedeuten, entgegen den Erwartungen der Verwandtschaft einen Missions-Einsatz zu leisten, einen sozialen Beruf zu ergreifen, die Freizeit in die Jugendarbeit statt auch noch ins Geschäft zu investieren. Wie soll ich diese Prioritäten richtig setzen?

Da sagt Christus: „Was bei den Menschen unmöglich ist, das ist bei Gott möglich." Auch wenn wir Mühe haben loszulassen, was uns so wichtig ist – Gott kann uns trotzdem retten.
Dabei ist er fantasievoll. Er braucht von unserem Reichtum, um ihn andern zu geben. Er führt uns in und durch Krisen. Er lässt uns Abhängigkeit neu erfahren. Gott darf das. Was das heissen kann? Es kann in unserer Zeit heissen, arbeitslos zu werden. Ich wünsche es keinem von uns. Es kann heissen, keine Lehrstelle zu finden. Ich wünsche es keinem von uns. Gott verändert unsere Perspektiven: Wichtigstes im Leben wird zum Zweitwichtigsten. Das geht manchmal wirklich durchs Leiden. Und das Leiden kann sogar sinnvoll werden, wenn es unser Leben schlussendlich zum Positiven verändert, wenn die Krise zum Wachstum führt, wenn Loslassen zum Segen wird.

Leben in unsicheren Zeiten ist angesagt. Wir leben in einer Zeit mit unendlichen Auswahlmöglichkeiten. Nicht nur die Milchprodukte und die Fernsehprogramme gibt es in hundert oder mehr Varianten. Wir sind ständig gefordert, Entscheidungen zu treffen. Mit welchen Freunden ich mich treffe, in welche Gemeinde ich gehe, welche Ausbildung ich wähle, welches Handy-Abo, welche Versicherung, welche Krankenversicherung... Und wenn es dann schief herauskommt, können wir nicht den Umständen die Schuld anhängen, denn wir haben es ja so gewählt. Habe ich mich genug abgesichert? Habe ich meinen Life-Style richtig gestylt? Habe ich nichts verpasst? Das sind die typischen Fragen einer verunsicherten Generation. Diese Wahlfreiheiten machen unsichere Zeiten zusätzlich verunsichernd.

Die hochentwickelte Gesellschaft verdrängt Unsicherheiten dadurch, dass sie komfortable Scheinsicherheiten produziert. Dabei produziert sie aber fortschreitend mehr Risiken statt wirklicher Sicherheiten. Co2-Belastung und Atommüll sind Probleme, die unsere Generation grobfahrlässig geschaffen hat, und dies in einem Zusammenhang, den wir mit Sicherheit, z.B. mit der sogenannten Versorgungssicherheit, in Verbindung bringen. Und die modernen Risiken sind dabei so beängstigend unsichtbar. Wer sieht hier die Erderwärmung? Wer spürt Strahlung? Wir sind gefordert, in diesen Fragestellungen durch persönliches und politisches Handeln, auch durch persönliche Opfer, bestmögliche Verantwortung zu übernehmen.

Gerade als Schweizer sind wir darauf spezialisiert, uns in falschen, selbstgemachten Sicherheiten zu sonnen. In vermeintlichen Sicherheiten, die sich plötzlich als bestürzend instabil erweisen, mit profitorientierten Strategien, deren Konsequenzen auf uns selbst und auf Generationen nach uns zurückfallen. Wenn die Falle des Reichtums zuschnappt wie die Mausfalle hinter der Maus, die unbedingt das grösste Stück Käse wollte, dann ist das ‚Kamel' halt wirklich steckengeblieben. Und dann haben wir zwei Möglichkeiten. Entweder wir produzieren noch grössere Mausfallen mit noch grösseren Käsestücken – oder wir treten einen Schritt zurück.
Und dann sind wir vielleicht so weit, dass wir eines begreifen: Unser Handeln und Strampeln führt nie in die so ersehnte unverbrüchliche Sicherheit. Ich habe ärmere Menschen in sogenannten Entwicklungsländern getroffen, die eine bemerkenswerte Ruhe und Gelassenheit ausstrahlen.

Die Frage ist, worauf ich mich verlasse: Auf meinen Besitz, auf Aktienkurse, auf elektrische und andere Energie, soviel mein Herz begehrt? Was zählt wirklich? Hingen Ziel und Hoffnung für unser Leben von selbstgemachten Sicherheiten ab, wäre die Situation hoffnungslos. Hinge die Rettung unseres Lebens für die Ewigkeit von uns ab, wäre sie unmöglich. Ruhe und Gelassenheit haben einen anderen Ursprung:

Wir sind auf die Gnade Gottes angewiesen, auf sein Erbarmen.

„Denn Gott versöhnte in Christus die Welt mit sich selbst, indem er ihnen ihre Übertretungen nicht anrechnete und in uns das Wort der Versöhnung legte" (2. Kor. 5,19 ZüB). Ohne Christus sind wir chancenlos vor Gott.

„Ich bin der Weg und die Wahrheit und das Leben; niemand kommt zum Vater ausser durch mich" (Johannes 14, 6 ZüB). Das ist ein Angebot, kein Anspruch, das ist das Angebot des Lebens, das ist der Ausdruck des Erbarmens von Gott.

In Jesaja finden wir eine parallele Aussage zum Predigttext:

„Der Gottlose lasse seinen Weg und der Frevler seine Gedanken und kehre um zum Herrn, so wird er sich seiner erbarmen, zu unsrem Gott, denn er ist reich an Vergebung. Denn meine Gedanken sind nicht eure Gedanken, und eure Wege sind nicht meine Wege, spricht der Herr, sondern so hoch der Himmel über der Erde ist, soviel sind meine Wege höher als eure Wege und meine Gedanken höher als eure Gedanken"
(Jesaja 55, 7-9 ZüB).

Hier ist statt von Reichen einfach von Gottlosen und Frevlern die Rede. Sie galten als unrettbar und verloren. Dieser Annahme setzt Jesaja das Erbarmen Gottes gegenüber. Aus menschlicher Sicht haben im Alten Testament die Gottlosen keine Chance, genauso wenig wie die Reichen in der Aussage von Jesus. Aber eben, Gottes Gedanken sind nicht eure Gedanken. Das steht parallel zu: Was bei den Menschen unmöglich ist, das ist bei Gott möglich. Bei Gott haben Gottlose eine Chance.
Weil Gott sich erbarmt über Gottlose und Frevler (Vers 7).
Weil er sich erbarmt über die, welche umkehren zu Gott.

Das Erbarmen Gottes – in Jesaja 55 die hebräische Form *Rachamehu*, „er wird sich seiner erbarmen", kommt sprachgeschichtlich vom Begriff *Rächäm*, was „der Mutterschoss" bedeutet: Gott ist wie eine Mutter, die immer offene Arme hat für ein Kind, das sie geboren hat. Gottes Mutterschoss, also Gottes Erbarmen macht es möglich.

Im Gespräch mit Nikodemus sagt Jesus: *„ Wenn jemand nicht von Neuem (von oben her) geboren wird, kann er das Reich Gottes nicht sehen"* (Johannes 3, 3). *„Wenn jemand nicht aus Wasser und Geist geboren wird, kann er nicht in das Reich Gottes kommen"* (Johannes 3, 5 ZüB).

So wie bei der Geburt die Mutter die handelnde Person ist, handelt Gott bei der Wiedergeburt eines Menschen. Wer aus dem Mutterschoss Gottes geboren wird, ist wortwörtlich aus dem Erbarmen Gottes geboren. *Darauf* können wir bauen, ein Leben lang, auch in Krisenzeiten.

Diese Wiedergeburt ist der für Menschen unmögliche Weg durchs Nadelöhr. Gott gebiert uns durchs Nadelöhr seines Erbarmens, durch seinen „Mutterschoss". Deshalb gilt für den von neuem Geborenen auch die bekannte Aussage aus Johannes 3, 16 (ZüB), welche Jesus genau in der Fortsetzung dieses Gesprächs mit Nikodemus macht: *„Denn so sehr hat Gott die Welt geliebt, dass er seinen einzigen Sohn gab, damit jeder, der an ihn glaubt, nicht verlorengehe, sondern ewiges Leben habe."*

Weil Gott sich über uns erbarmt, können wir es uns leisten, unseren Reichtum mit den Ärmeren und Armen dieser Welt zu teilen, das ist die Fortsetzung des Erbarmens. Das Erbarmen Gottes entbindet uns nicht davor, Reichtum zu teilen, im Gegenteil: Wer Erbarmen am eigenen Leib erfahren hat, der wird selbst auch von Erbarmen erfüllt. Er muss nicht, aber er will teilen. Wer sich an seinem Reichtum festkrallt, hat eines noch nicht begriffen: Das Erbarmen Gottes.
Was bei Menschen unmöglich ist, das ist möglich bei Gott.

Amen.

Und die Kraft

Die Kraft des Vaters zeigt sich in der Kraft des Sohnes.
Die Schultern des Hirten sind so stark,
dass er unterschiedliche Menschen tragen kann,
dass er die Unterschiede zwischen Menschen ertragen kann,
wie er den Unterschied zwischen Gott und den Menschen
ertragen hat.

Hiobs Botschaft oder „Warum lässt Gott das zu?"

Kennen Sie das Gefühl, dass Gebete nur bis zur Zimmerdecke reichen? Warum schweigt Gott? Warum lässt Gott das zu? Das sind Fragen, zu denen die Bibel keine fertigen Antworten liefert. Doch findet sich darin die Geschichte eines Menschen, der genau diese Fragen schonungslos offen stellte: Die Geschichte von Hiob.

Das Buch Hiob begeistert durch die Schönheit der Sprache, die kompromisslose Ehrlichkeit und eine überraschende Wendung.

Hiob ist ein gottesfürchtiger Patriarch, reich an Kindern, Ländereien und Viehherden. Er ist bekannt für seine Klugheit und Freigiebigkeit, Gott hat seine schützende Hand über ihm. In einer Rahmenerzählung meldet sich Satan zu Wort und behauptet, Hiob sei nur gottesfürchtig, weil es ihm so gut gehe. Gott ist sich der unerschütterlichen Treue Hiobs sicher. Er erlaubt dem Satan, Hiob alles zu nehmen.

Ein Wirbelsturm lässt nun das Haus zusammenstürzen, in welchem Hiobs Söhne und Töchter sich aufhalten. Räuber erschlagen Hiobs Diener, ein Blitz tötet Hiobs Schafe, die bis heute danach benannten Hiobsbotschaften folgen Schlag auf Schlag. Immer noch betet er zu Gott. Da erhält Satan die Erlaubnis, Hiob auch noch die Gesundheit zu rauben. Bösartige Geschwüre befielen ihn. *„Und Hiob nahm sich eine Scherbe, um sich damit zu kratzen, während er mitten in der Asche sass."* (Hiob 2, 8). Hiobs Frau resigniert: *"Noch hältst du fest an deiner Frömmigkeit? Fluche Gott und stirb!" Hiob antwortet: „Das Gute nehmen wir an von Gott, und das Böse sollten wir nicht annehmen"* (aus Hiob 2, 9-10 ZüB)?

Doch später wird ihm sein Elend in seiner ganzen Tragweite bewusst: Er verwünscht den Tag seiner Geburt. (Hiob 3, 11) Besser nie geboren, als solches Elend erleben zu müssen. Jetzt sind alle Masken der Frömmigkeit gefallen, Hiob klagt, klagt gar Gott an: *„Habe ich gesündigt, was schadet es dir, du Menschenhüter? Warum hast du mich dir zur Zielscheibe gemacht"* (Hiob 7, 20 ZüB)? *„Schuldlose wie Schuldige vernichtet er! Wenn seine Geissel plötzlich tötet, so lacht er über die Verzweiflung der Unschuldigen" (Hiob 9, 22-23).* Hiob steht hier als ein Mensch, der nichts mehr vorweisen kann, auch keine Frömmigkeit, keine wohlformulierten Worte, ein Mensch, der nichts zu bieten hat, ungeschminkt, unbekleidet, unansehnlich. Er sitzt in der Asche. (Das könnte draussen, ausserhalb einer Stadt gewesen sein. Dort verbrannte man den Abfall. Da gab es Asche. Und die mit den ansteckenden Krankheiten mussten auch zur Asche raus, sie gehörten zum Abfall.) Er ist sehr verzweifelt – in einer schrecklichen Lage. Ein Mensch. Ein allen Leidenden nahestehender Mensch. Einer, der viel hat, alles hatte. Und plötzlich gähnt da ein Loch, ein Strudel, der ihn mitreisst.

Und da kommen auch noch die Freunde, die sogenannten Tröster, die mit den guten Ratschlägen, den gescheiten, salbungsvollen Reden, die, welche es wirklich gut meinen. Zuerst handeln sie weise, sitzen schweigend sieben Tage und sieben Nächte an seiner Seite. Das ist ihnen hoch anzurechnen. Dann halten sie es aber nicht mehr aus. Sie wollen Hiob zeigen, dass er nun eben für seine verborgenen Sünden büssen müsse. Aber das sieht Hiob nicht so: *"Solches habe ich oft gehört. Leidige Tröster seid ihr alle. Sind nun zu Ende die windigen Worte"* (Hiob 16, 2-3 ZüB)*?* Als Reaktion versteift Hiob sich noch mehr darauf, dass er ohne Schuld vor Gott stehe.

Vielleicht haben Sie schon Ähnliches erlebt. Wenn wir wirklich ins Schleudern gekommen sind, nicht mehr wissen, was oben und unten ist, dann kommen gut gemeinte Ratschläge, die wirken wie Salz in der Wunde. Und habe ich einen Blödsinn gemacht, so verbohre ich mich jetzt erst recht darin, aus Trotz und als Reaktion auf die Ratschläge, die mich richtend trafen, ohne aus der Liebe heraus zu kommen.

Auf die Wut, da folgt die grosse Leere. Erst recht die Verzweiflung über sich selbst. Selbstmitleid. Verhärtungen. Und auch für Hiob das Schlimmste: Das Gefühl, Gott sei nicht mehr da, der Kontakt sei abgebrochen. *„Siehe, ich gehe nach Osten, da ist er nicht, nach Westen, ich gewahre ihn nicht; im Norden suche ich ihn – ich schaue ihn nicht, biege um nach Süden, ich sehe ihn nicht"* (Hiob 23, 8-9 ZüB). Das ist wie ins Telefon zu sprechen, ohne eine Verbindung zu haben. Nur noch um sich selbst und um sein Problem kreisen. Wände anstarren. Durch die Stadt gehen und weit weg sein von allen Menschen. Gott anklagen: Warum lässt du das zu? Hiob schrie: *„Die Nacht bohrt an meinem Gebein, und meine Nager (d.h. Schmerzen) ruhen nimmer... Er hat mich in den Kot geworfen, wie Staub und Asche bin ich geworden. Ich schreie zu dir, doch du erhörst mich nicht... Doch streckt nicht ein Versinkender die Hand aus?*

Und schreit er nicht bei seinem Untergang? Oder weint nicht der, der schwere Zeiten hat? Ist nicht in der Seele bekümmert der Arme? Denn Gutes erhoffte ich, und Böses kam. Ich harrte auf Licht, und es kam Finsternis" (aus Hiob 30, 17-23 ZüB).

In seiner Gottesferne kann Hiob nicht auf Befehl fröhlich dreinschauen. Seine Gebete sind Schreie, die aus dem Leidenden hervorbrechen, unter Tränen klagt er Gott sein Elend. Gott verlangt vom Betenden keine heuchlerische Siegesgewissheit. Der Betende darf ganz sich selbst sein. Hiob braucht jetzt nicht beschwichtigt zu werden, er soll klagen können, das ist jetzt dran. Wartet denn ein liebender Vater auf ein anständiges „Bitteschön", wenn sein Kind in höchster Not verzweifelt schreit?

Hiob nimmt in seiner Not Gott noch gar nicht wahr als Vater, und doch richtet er seine Schreie an ihn. So bleibt er in Beziehung zu Gott. Aber Hiob bleibt gleichzeitig gefangen in seinem Elend, fühlt sich von Gott im Stich gelassen, abgeschrieben, verstossen. Und dann fleht er: *„Bürge doch selbst bei dir für mich, wer sonst soll in meine Hand einschlagen?"* (Hiob 17,3 eigene Übersetzung)

Ein Bürge, das ist ja einer, der Ihre Schuld bezahlt, wenn Sie bankrott sind. In Schillers berühmter Ballade „Die Bürgschaft" spricht der zum Tode verurteilte Damon zum König:

„Ich lasse den Freund dir als Bürgen,
ihn magst du, entrinn ich, erwürgen."

Der König antwortet in Schillers Ballade:

„Drei Tage will ich dir schenken;
Doch wisse, wenn sie verstrichen, die Frist,
eh du zurück mir gegeben bist,
so muss er statt deiner erblassen,
doch dir ist die Strafe erlassen."

(Friedrich von Schiller: Die Bürgschaft. In: Echtermeyer von Wiese: Deutsche Gedichte. August Bagel Verlag, Düsseldorf, 1973.)

Um so einen Bürgen fleht Hiob also, um einen, der vor Gott für ihn eintritt, mit seinem Leben für ihn bezahlt. Und er sieht: Nur Gott selbst kann dieser Bürge sein. Das ist der Durst nach dem Löser, dem Erlöser, dem Messias, der Durst nach Christus im Alten Testament. Hiob beschreibt genau, was ein Leidender am meisten braucht: Einen Bürgen, einen, der für ihn eintreten könnte vor Gott. *„Ach, dass ich einen hätte, der mich hörte“* (Hiob 31,35a).

In prophetischer Schau sagt Hiob gar: *„Ich aber weiss: mein Anwalt lebt, und ein Vertreter ersteht mir über dem Staube“* (Hiob 19, 25 ZüB). Luther übersetzte: *„Aber ich weiss, dass mein Erlöser lebt, und als der Letzte wird er über dem Staube sich erheben.“* Da leuchtet Ostern auf, mitten im Alten Testament.

Das Buch Hiob geht aber noch weiter, und da passiert ganz Entscheidendes: Gott selbst spricht Hiob mit gewaltiger Stimme an. Gott führt Hiob mit überwältigenden Bildern das Wunder der Schöpfung vor Augen. Gott beschreibt die Naturgewalten, die Tiefen des Meers, die Winde, ja bis zur Ordnung der Gestirne, die alle ihren Ursprung in seinem Wort haben. Gott führt Hiob in grössere Zusammenhänge hinein. Das Geheimnis des Wachstums der Pflanzen, die Blitze, das Wasser, das zu Eis erstarrt: Geplante Schöpfung des allmächtigen Gottes. Gott geht weiter, zeigt Hiob die überwältigende Vielfalt der Tierwelt, die Muskelkraft riesiger Ungetüme und den Flug des Falken.

Hiob bleibt der Mund offen. Er verstummt. Er ist überwältigt. Er erhält Einblick in die Herrlichkeit Gottes. Und in diesem Moment setzt seine Heilung ein: Als er sich selbst vergisst vor lauter Staunen über die Grösse Gottes. Als er nicht mehr sein Elend sieht, als er sein Ach und Weh und auch all seine Weh-wehchen vergisst und den Blick anbetend zu Gott richtet, da wird der Rahmen seiner Problemkreise gesprengt. Da geht es nicht mehr um sein Leiden, sondern um die Anbetung Gottes, die hinaus führt aus dem Kreisen um das kranke Ich; die Anbetung, die hinführt zur Grösse Gottes, vor welchem Hiobs Probleme in ein anderes Licht gerückt werden, ihre lähmende Schwere verlieren. Anbetung entkrampft. Anbetung löst die menschlichen Sinne von der Frage nach dem ‚Warum‘, vom Vorübergehenden, öffnet sie für das Bleibende. Anbetung äussert sich bei Hiob im Ausruf: *„Vom Hörensagen hatte ich von dir gehört; nun aber hat dich mein Auge gesehen. Darum widerrufe ich und bereue in Staub und in Asche“* (Hiob 42, 5-6).

Gottes Geist ist in Hiobs Weltsicht eingebrochen, hat den Rahmen seiner Problemkreise geöffnet, gesprengt. Das Buch Hiob stellt dabei das Konzept, die Vorstellung des strafenden Gottes grundlegend in Frage. Das

Konzept von Hiobs Freunden, dem Elend müsse eine Sünde vorangegangen sein, wird auf ganzer Linie verneint. Es stimmt nicht. Hiobs Elend hat nichts mit einer Strafe zu tun. Was Hiob bereut, das sind seine falschen Vorstellungen von Gott, allenfalls sein Aufbegehren und seine Anklagen an Gott. Aber sein Leiden war nicht die Strafe Gottes für eine vorangegangene Sünde. Umso mehr gilt dies für die Zeit nach Christus.

Jesus Christus hat den grössten Problemkreis durchbrochen: Den Kreis von Schuld und Strafe. Er trägt unsere Schuld. Der Mechanismus von Schuld und Sühne ist definitiv durchbrochen. Er ist unser Bürge, er trägt unsere Schuld. Im Schauen auf ihn erhalten wir Kraft zum Durchbruch:

Durchbruch zum Bekennen von Schuld
Durchbruch heraus aus engen, egoistischen Lebenszielen
Durchbruch zu anderen Menschen
Durchbruch zum Fremden
Durchbruch zur Hoffnung
Durchbruch zur Anbetung.

Durchbrüche geschehen nicht immer von einem Tag zum andern. Wer einen Angehörigen verloren hat, wer tiefes Leid trägt, braucht Zeit. Zeit zum Weinen, Zeit zum Trauern. Aber das Leiden und Trauern ist nicht das Letzte. Der Weg in die Anbetung kann über das Weinen führen. Entscheidenden Durchbrüchen gehen sogar oft Zeiten des Leidens voraus. Das Leiden ist nur der Weg, nicht das Ziel. Gottes Schweigen ist am schwersten zu ertragen auf dem Weg zum Durchbruch.

Mancher deutet das Schweigen Gottes als Absenz Gottes. Aber dass Gott schweigt bedeutet auch, dass er nicht eine Projektion meiner Religiosität ist. Ich kann ihm nicht befehlen, sich zu zeigen. Er ist eigenständig, er ist Gott. Und dieser Gott kann uns nicht nur viel zutrauen. Er darf uns auch viel zumuten. Zudem entspricht sein ‚Schweigen' nur unserer subjektiven Wahrnehmung, denn objektiv hat er bereits gesprochen, durch sein Wort, die Heilige Schrift. Dadurch redet er, auch wenn ich ihn sonst nicht spüre. (Einige der Gedanken zum Schweigen Gottes frei nach Gisbert Greshake: *Gottes Willen tun*, Herder 1994)

Je unerträglicher sein Schweigen, je weniger ich Gott begreife, je ungreifbarer er für mich wird, desto greifbarer werde ich für ihn. Er begreift mich, mehr als das: Er trägt mich. Wenn der Blick zum Himmel leer wird, bleibt mir nichts übrig, als mich zu sehen, wie ich bin: Wie Hiob, dessen

Religiosität, dessen frommes Reden mehr und mehr abbröckelten, bis er ganz nackt seine Verlorenheit anerkannte und nach Gott schrie – ein Mensch wie ich.

Quälen wir uns in den schwersten Momenten nicht mit der Frage nach dem ‚Warum'. Warum hat Gott es zugelassen? In der Regel gibt es auf diese Frage keine überzeugende Antwort. Das Fragen nach dem ‚Warum' führt nur zu tieferer Verzweiflung, wirft zurück ins Kreisen um sich selbst. Auch Hiob bekam keine Antwort auf die Warum-Frage. Gott lenkte Hiobs Augen weg vom ‚Warum' und hin zur Anbetung, trotz dem Leid, über das Leiden hinaus. Anbetung bedeutet, die Gedanken von drückenden Problemen zu lösen, die Sinne auf Gott auszurichten. Die Psalmen sind voll von Beispielen, dass dabei etwas mit einem geschieht: Der Mensch findet die Lösung seiner Probleme nicht aus dem Grübeln heraus, sondern dadurch, dass er den Blick von den Problemen löst und auf Gott richtet. So können auch uns die Schuppen von den Augen fallen, können wir uns selbst aus einer anderen Perspektive wahrnehmen. Seit Pfingsten ist der Tröster, der Anwalt, der Heilige Geist eine Realität, die alle Rahmen sprengt. Geben wir ihm den nötigen Raum, so sehen wir die dunkle Welt mit anderen Augen: Mit liebenden Augen, denn die Liebe Gottes spiegelt sich in uns in der Anbetung seiner Grösse.

Übrigens: Satan hat gemäss der Rahmengeschichte im Buch Hiob die Wette verloren, denn in all seinem Reden und seinem Zweifeln hatte Hiob sich nicht gegen Gott versündigt. Hiob musste sogar für seine Freunde bitten, damit Gott ihnen ihre falschen Vorstellungen vergeben möge. *„Und der Herr nahm die Fürbitte Hiobs an"* (Hiob 42, 9b ZüB). Alle Brüder, Schwestern und alten Freunde kamen und trösteten ihn und gaben ihm je einen Taler und einen goldenen Ring. So kam er zu erneutem Reichtum. Auch wurden ihm noch sieben Söhne und drei Töchter geschenkt *„und man fand im ganzen Land keine Frauen so schön wie Hiobs Töchter und ihr Vater gab ihnen einen Erbteil unter ihren Brüdern"* (Hiob 42, 15 ZüB). Er sah Kinder und Kindeskinder, vier Generationen, und starb alt und lebenssatt.

Amen.

Anbetung

Du Lebensbuch-Autor
Du Sonnenuntergang-Performer
Du Gedankenpfad-Motivator
Du Lebensweg-Designer
Du Mutterliebe-Regisseur
Du Zellkern-Informant
Du fleischgewordenes Wort
am Anfang jedes Lebens

Verantwortung als Antwort auf das Wort

Nehemia 1, 1-6+11; Nehemia 2, 4-7+18

Verantwortung zu übernehmen hat zu tun mit Eigenständigkeit, eigener Initiative, einer gereiften Persönlichkeit. Da traut sich jemand etwas zu, unternimmt etwas, ist bereit sich hinzustellen und Verantwortung zu übernehmen.

Eine äusserst faszinierende Person, welche Verantwortung übernahm, ist Nehemia. Er lebte als Mundschenk des persischen Königs Artaxerxes in Susa. Von einem seiner Brüder erfährt er, dass Jerusalem lange Zeit nach der Zerstörung noch immer in Schutt und Asche liege. Das ist erstaunlich, denn die ersten israelitischen Rückkehrer aus der babylonischen Gefangenschaft begannen bereits gut neunzig Jahre vorher mit dem Wiederaufbau der zerstörten Hauptstadt. Sie wurden aber von den Leuten, die in der Gegend wohnten, immer wieder angegriffen, da diese gar nicht an einem wieder stark werdenden Jerusalem interessiert waren. Das ist ja soweit verständlich.

Was aber kümmert das alles einen im persischen Luxus wohnenden Mundschenk Nehemia? Er musste doch nicht in den Trümmern leben. Er musste keine nächtlichen Überfälle abwehren. Er lebte doch in gehobener Stellung am persischen Königshof. Weshalb weinte und trauerte er tagelang, als er von der Not der Menschen in Jerusalem erfuhr? Weshalb betete er nun Tag und Nacht für die Israeliten und flehte stellvertretend für sein Volk Gott an um Vergebung für begangene Sünden? Und warum bat er dann auch noch den persischen Herrscher, die Sicherheit des Palasts verlassen zu dürfen, um unter unvorstellbaren Strapazen eine Mauer um die Ruinenstadt Jerusalem zu bauen?

Wissen Sie warum? Er liebte. Er liebte Menschen. Er liebte die Menschen seines Volks. Er liebte die Menschen seines Volks, die Not litten. Er liebte sie, weil er Gott liebte. Darum. Weil die Antwort der Liebe Verantwortung heisst. Wer einen Menschen liebt, wird bereit, wenn immer nötig Verantwortung für ihn zu tragen.

Verantwortung zu tragen bedeutet immer auch: Handeln, Fehler machen, schuldig werden. Das wusste Nehemia. Er bekannte sich stellvertretend schuldig für die Versäumnisse seines Volks. Er liess seinen Besitz hinter sich und bettelte beim König um Baumaterialien und finanzielle Unterstützung für die Armen in Jerusalem. Dann reiste er nach Jerusalem. Im Jahr 444 vor Christus spornte er die Resignierten zum Mauerbau an und stand trotz Morddrohungen mit ihnen auf der Baustelle. Er bewirkte, dass den Verschuldeten in Jerusalem ihre Schulden erlassen wurden. Er stellte die Vornehmen, welche Zinsen von den Armen verlangt hatten, zur Rede. Und er vertraute, dass Gott für sein Volk streiten werde, dass Gott letztlich die Verantwortung übernehmen werde.

So führte Nehemia trotz vieler Angriffe den Mauerbau zu Ende. Dann liess er vor dem ganzen Volk das Gesetz Moses vorlesen, Abschnitt für Abschnitt, bis das Volk weinte, weil es erkannte: Wir haben die Gebote nicht gehalten, wir können nicht bestehen vor diesem Gott. Im geschichtlichen Bericht folgt die Wiedereinsetzung des Laubhüttenfests, verbunden mit einem umfassenden Sündenbekenntnis, einer neuen Hinwendung zu Gott. Das Sündenbekenntnis Nehemias wurde somit zum Sündenbekenntnis des ganzen Volks. Zusammen mit den Leviten spricht Nehemia dem Volk zu: *„Seid nicht traurig und weinet nicht! (...) Gehet hin, erlabet euch an guter Kost und süssem Getränk und sendet davon auch denen, die nichts haben, denn der Tag ist unserem Herrn heilig. Seid daher nicht bekümmert; die Freude am Herrn ist eure Zuflucht“* (Nehemia 8, 9-10 ZüB).

Schuld zu bekennen, das wirkt unglaublich befreiend. Natürlich wird Schuld nicht unbedingt gerne beim Namen genannt. Anlässlich der 700-Jahr-Feier der Schweizerischen Eidgenossenschaft im Jahr 1991 sagte Nationalrat Sigmund Widmer in der Festansprache vor der vereinigten Bundesversammlung: *„Das schlechte Gewissen, das wir angesichts der unerhörten Armut der Welt in uns tragen und verdrängen, verdirbt uns. Diese Art Tumor wächst krebsartig in unseren Seelen, macht uns böse und stösst uns in aggressive Verhaltensweisen. Auch um unseren eigenen Glückes Willen haben wir das Unglück der verarmten Völker zu bekämpfen.“*

Das Verdrängte muss bewusst gemacht werden, nur so können wir damit umgehen. Beim Lesen in der Bibel kann Gott uns Schuld bewusst machen. Im Jakobusbrief stehen kompromisslose Worte: *„Wenn ein Bruder oder eine Schwester unbekleidet sind und an der täglichen Nahrung Mangel* *leiden und jemand von euch sagt zu ihnen: Gehet hin in Frieden, kleidet euch warm und esset euch satt! – Ihr gebt ihnen aber nicht, was für den Leib nötig ist, was hilft das? So ist auch der Glaube, wenn er nicht Werke hat, in sich selbst tot"* (Jakobus 2, 15-17 ZüB).

Es kann um die Liebe denjenigen gegenüber gehen, die so weit weg sind, dass wir sie nicht direkt vor Augen haben und daher fälschlicherweise meinen, nicht für sie verantwortlich zu sein. Es geht auch um die Fremden, die zu uns geflohen sind, die wir in unseren Strassen sehen, die jedoch von vielen Leuten nicht gerne gesehen werden. Dabei tut es so gut, sie unter uns zu haben als lebendige Wegweiser, die unsere Gedanken und Anteilnahme dorthin lenken könnten, wo Verfolgung oder auch schlicht Armut das Leben bedrohen.

René Padilla, ein argentinischer evangelischer Theologe, spricht als ein Nehemia der Moderne, der aus der Studierstube hinaus in die Elendsviertel gegangen ist und dort ein Begegnungszentrum mit geschützten Arbeitsplätzen aufbaute: *Überall, wo es Menschen fehlt an Nahrung, Wasser, Kleidung, Wohnung, medizinischer Hilfe, Ausbildung, Arbeit oder Freiheit, ist das ein Ruf Gottes an uns zu einem ungewöhnlichen materiellen Opfer. Um der Liebe Gottes willen, die sich in Jesus Christus zeigt, wird ihre Not zu unserer Verpflichtung. Die Erfüllung dieser Pflicht muss Vorrang haben vor unserem eigenen Wohlergehen, unserem Vergnügen und unserem Luxus. Die Beseitigung ihrer notvollen Lage ist für sie gottgegebenes Recht und für uns gottgegebene Verantwortung* (aus: René Padilla: Anstiftung. Evangelium für die armen Reichen, Brendow Verlag, 1986, S. 17-41).

Unter so einer grossen Verantwortung kann es einem auch zu schwer werden. Wie sollen wir die Last der ganzen Welt tragen? Sollen wir mit ständig schlechtem Gewissen nur noch klagen über die Not der Welt und schlussendlich resignieren, darunter zerbrechen?

Es ist Christus, der letztlich die Last des ganzen Elends der Welt auf sich genommen hat. Er nimmt auch uns die Verantwortung ab, die für uns zu schwer ist. Er vergibt uns, wenn wir bekennen, dass wir zu wenig geliebt haben.

Dann mutet Gott uns aber eine Teilverantwortung zu, die er für uns als tragbar erachtet. Er mutet uns die Verantwortung der Nächstenliebe zu. Also die Verantwortung, für einen oder mehrere Menschen auf dieser Welt zu sorgen, die hilflos daliegen, die in irgendeiner Form auf der Strecke geblieben sind. Direkt vor unserer Tür oder weit weg von hier. Gott mutet uns diese Verantwortung nicht einfach zu, er gibt uns auch Fantasie und Liebe, um etwas zu tun: Nicht aus dem schlechten Gewissen heraus, sondern aus fantasievoller Nächstenliebe heraus.

Vielleicht werden Sie aufmerksam auf vereinsamte Verwandte. Oder Sie kümmern sich bereits um chronisch Kranke. Wie einem Nehemia kann jedem von uns auch eine Gruppe Menschen in einem anderen Land wichtiger werden als alles andere, wofür wir unser Geld, unsere Zeit und unsere Kraft auch noch einsetzen könnten. Verantwortung übernehmen als Antwort auf Gottes Wort. Wir können teilen mit diesen fernen Nächsten, vielleicht können wir sie besuchen oder mit ihnen leben. Ungewöhnliche Nächstenliebe kann unserem Leben einen neuen, tieferen Sinn geben. Für Nehemia bedeutete es eine Lebenswende.

Christus spricht: *„Ein neues Gebot gebe ich euch, dass ihr einander lieben sollt, wie ich euch geliebt habe, dass auch ihr einander lieben sollt. Daran wird jedermann erkennen, dass ihr meine Jünger seid, wenn ihr Liebe untereinander habt“* (Johannes 13, 34 + 35 ZüB).

Amen.

Und vergib uns unsere Schuld

Die sind zu schwer,
die Steine, die ich mühsam
zu falschen Zielen hinschleppe.

Die sind zu gemein,
die Steine, die mir andere
in den Weg legen,
und ich mir selbst und ich ihnen auch.

Die Steine meiner Kindheit
werden zu den Steinen meiner Kinder.
Die Steine meines Misstrauens
werden zu Steinen für meine Vertrauten,

wenn nicht, wenn nicht, wenn nicht
Christus die Last auf sich lädt,
seine Vergebung zum Ziel und zum Weg wird,
der hinausführt aus dem Steinbruch ins Leben.

Ruth, die Fremde, Josué, der Blinde und das Himmelreich

Wir beschäftigen uns heute mit dem Leben einer Frau, die eines nie verloren hatte: ihre Hoffnung. Hier ist ihre Geschichte: Wegen einer Hungersnot war Elimelech mit seiner Frau Naemi und seinen beiden Söhnen aus Betlehem weggezogen, über den Jordan, ins Land Moab. Elimelech starb, die beiden Söhne heirateten moabitische Frauen, eine hiess Orpa, die andere Ruth. Nach etwa zehn Jahren starben auch die beiden Söhne von Naemi. Sie blieb zurück mit ihren beiden Schwiegertöchtern. Als Naemi vernahm, dass die Hungersnot vorbei war, wollte sie zurück in ihre Heimat, nach Betlehem ziehen. Sie forderte die Schwiegertöchter auf, zu ihren Eltern zurückzukehren und machte ihnen Mut, wieder zu heiraten. Aber Ruth wollte ihre Schwiegermutter nicht alleine ziehen lassen. Sie sprach die unterdessen an wohl Millionen von Hochzeiten gesprochenen, berühmten Worte: *„Wo du hingehst, da will ich auch hingehen, und wo du bleibst, da bleibe auch ich; dein Volk ist mein Volk, und dein Gott ist mein Gott. Wo du stirbst, da sterbe auch ich; da will auch ich begraben sein. Der Herr tue mir dies und das; nur der Tod soll mich von dir scheiden“* (Ruth 1, 16-17 ZüB)*!*

Als Fremde, als Moabiterin, zog Ruth also mit ihrer jüdischen Schwiegermutter nach Betlehem, in eine ihr unbekannte Gegend. Ihr Mann stammte zwar von dort, aber der war ja in Moab gestorben. Als die Moabiterin dann wie andere mittellose und hungernde Menschen hinter den Schnittern her übriggebliebene, fallengelassene Ähren auflas, sprach Boas, der Landbesitzer, sie an. Er erkannte in ihr die junge Witwe eines Verwandten, eine Frau, die sich treu um ihre alte Schwiegermutter kümmert: *„Der Herr vergelte dir dein Tun, und voller Lohn werde dir zuteil von dem Herrn, dem Gott Israels, zu dem du gekommen bist, dich unter seinen Flügeln zu bergen“* (Ruth 2, 12 ZüB).

„Dich unter seinen Flügeln zu bergen.“ Dieses Bild lässt mich nicht so schnell los. Da gibt es also einen Ort der Geborgenheit, da sind Flügel, die Schutz bieten. Flügel verkörpern das nicht greifbare, überirdische Wesen Gottes, versinnbildlichen himmlische Dynamik – und gleichzeitig sollen sie einer fremden, hungernden, verwitweten Frau Schutz vermitteln.

Ruth, die Fremde, Josué, der Blinde und das Himmelreich, so lautet der Titel dieser Predigt. Ist in der Bibel vom Reich Gottes die Rede, so stossen wir zuerst einmal auf gewaltige Aussagen: In apokalyptischen Texten im Buch Jesaja, aber auch in der Offenbarung, ist die Rede vom Gericht über die Erde und dann vom Anbruch einer neuen Welt, einer Welt ohne Tränen, einer Welt in der kein Leid und kein Tod mehr sein wird. Diese grosse Schau muss als Ziel der Weltgeschichte im Auge behalten werden. Letztlich geht es auf ein Reich zu, in dem nicht Schmerz, sondern Freude, in dem nicht Trennung, sondern Gemeinschaft, in dem nicht der Tod, sondern das Leben regieren. Dieses Ziel muss besonders im Auge behalten werden, wenn zwischendurch Resignation und Weltuntergangsstimmung Raum gewinnen – gerade unter jungen Menschen. Könnte es sein, dass sich hinter solcher Weltuntergangsstimmung eben gerade eine Ahnung verbirgt, eine Ahnung, dass es noch mehr gibt als das Greifbare, Bezahlbare, Machbare? Letztlich die Sehnsucht nach eben diesem versprochenen Reich? Der Durst nach dem, wofür es sich lohnt zu leben? Christus beschrieb das mit einem der kürzesten Gleichnisse: *„Das Reich der Himmel ist gleich einem im Acker verborgenen Schatz, den ein Mensch fand und (wieder) verbarg. Und in seiner Freude geht er hin und verkauft alles, was er hat, und kauft jenen Acker“* (Matthäus 13, 44 ZüB).

Was nützt es resignierenden Menschen, wenn ich sie auf das zukünftige Himmelreich vertröste? Gewiss, der Blick auf das, was zählt, hilft, um die Prioritäten richtig zu setzen. Der Blick auf dieses kommende Reich kann auch Trost vermitteln oder auf den Tod hin Kraft und Frieden schenken. Und doch verstehe ich die kritische Rückfrage gut: Was nützt mir das alles jetzt? Soll Trost nützen, so muss er jetzt spürbar sein. Das stimmt.

Wir beten ja: „Dein Reich komme“. Während ich diese Predigt schreibe, sage ich zu meinem jüngsten Enkel: „Komm!“ Da rennt er los und schon halte ich ihn in den Armen, greifbar, spürbar, lebendig! *„Dein Reich komme“*, das hat uns Christus vorgebetet (Matthäus 6, 10). Das Himmelreich ist nicht nur zukünftig. Wo Christus ist, wird Himmelreich spürbar, greifbar, bereits jetzt, bereits hier.

Früher besuchte ich während einigen Jahren regelmässig Gefangene in einem Gefängnis in den peruanischen Anden. Josué war einer von über tausend Gefangenen, die bei Wasser und Brot ein unvorstellbares Dasein fristeten. Über acht Jahre später traf ich Josué wieder. Jetzt war er frei. Wir standen uns wieder gegenüber, aber seine Augen sahen mich nicht. Im Gefängnis war Josué erblindet, so wie viele andere Gefangene auch. Trotzdem strahlte er, strahlte er etwas aus vom Reich Gottes hier auf Erden. Gemeinsam erinnerten wir uns daran, wie sich in einer Ecke des Gefängnishofes die Gefängnisgemeinde getroffen hatte um Gott anzubeten. Ihr Gottesdienst war wie ein Fenster in der Gefängnismauer, auf welcher die Wächter mit Maschinengewehren patrouillierten. Der Gesang der Gefangenen war wie ein Lichtstrahl aus einer anderen Welt, ihr Gottesdienst war Reich Gottes, war Hoffnung mitten im Blut, Dreck und Gestank des hoffnungslos überfüllten Gefängnisses, in welchem Hunderte im gleichen Raum die Nacht verbrachten – auf mehrstöckigen Betten, in Hängematten, in Wellkarton auf dem Betonboden; in der Mitte des Raums das Latrinenloch. In diesem Gefängnis hatte Josué Christus kennengelernt und dort hatte ich Josué kennengelernt. Jetzt war er frei und trug das Evangelium in die Welt hinaus. Aus der Blindenbibel las er mir vor, die Brailleschrift hatte er bei einer Missionsgesellschaft gelernt. Und nach Mitternacht, draussen unter dem unendlichen Sternenhimmel der peruanischen Anden, las er mir aus dem Matthäusevangelium vor: „Das Reich der Himmel ist gleich einem im Acker verborgenen Schatz, für den es sich lohnt, alles andere zu verkaufen…“ Josué, dir glaube ich das! Er sagte danach: „Gott hat mir die Augen genommen, jetzt lese ich sein Wort eben mit den Händen. Wenn er mir meine Hände nimmt, so werde ich die Bibel mit den Füssen lesen. Und nimmt er mir auch die Füsse, so werde ich die Bibel bereits auswendig in meinem Herzen tragen.“

Beim blinden Josué werden wir sehend. Das Reich Gottes mit all seinem Licht existiert bereits. Durch Menschen wie Josué strahlte es wie durch Fenster in einer Mauer zu Mitgefangenen im Gefängnis von Huánuco, strahlt es bis heute in jedes noch so persönliche Gefängnis.

Auch der alttestamentlichen Ruth wurde ein Fenster aufgestossen, als Boas der Fremden zu essen gab, als er später als ihr *„Goël“*, als ihr Löser auftrat und die Verwandte zur Frau nahm, ihr dadurch Schutz gewährte und Nachkommen schenkte. Durch diese Nachkommen wurde Ruth hineingenommen in den grossen Heilsplan Gottes, wurde sie zur Urgrossmutter von König David. Im Kleinen wurde ihr Geborgenheit zuteil, im Grossen wurde sie hineingenommen in den Bau von Gottes Reich. In Betlehem, übersetzt „Brot-Haus“, hat Ruth Brot, Gerstenbrot, bekommen für ihre persönliche Not. Christus, geboren in Betlehem, sagt von sich: *„Ich* *bin das lebendige Brot, das aus dem Himmel herabgekommen ist. Wenn jemand von diesem Brot isst, wird er in Ewigkeit leben"* (Johannes 6, 51 ZüB).

Das ist typisch für das Reich Gottes: Das ganz grosse Heil kristallisiert sich, wird zuerst konkret in ganz kleinen Hilfestellungen. Sie sind wie Lichtstrahlen, die aus dem Himmelreich in unsere Zeit hinein ankündigen: Dein Reich komme.

Und diese Lichtstrahlen stehen in Zusammenhang mit beherztem Handeln. Boas setzte sich für Hungrige und Fremde ein. Ruth selbst traf Entscheidungen, übte Treue, ging Schritte, vor allem den Schritt hin zur Hoffnung, den Schritt hin zum Gott Israels. Konkrete Taten hier und jetzt sind Auswirkungen des bereits jetzt und in Zukunft regierenden Christus im Reich Gottes. Ruth erfuhr beides: Konkrete Hilfe hier, und hinein genommen zu werden in Gottes Volk auf Erden und im Himmel.

Die apokalyptischen Texte der Bibel sagen, dass die Welt durchs Gericht hindurch auf das Gottesreich zugeht. Und die Evangelien bezeugen, dass Christus durch seinen Tod unsere Schuld, unseren Schuldspruch vor Gericht, bereits auf sich genommen hat, dass er als Anwalt, Erlöser, als Löser alle freispricht, die sich unter seinen Flügeln bergen.

Amen.

Dein Reich komme

Diese Tür steht offen.
Du bist die Tür, Jesus Christus.
Das Licht im Dunkeln,
Sinn wird sichtbar.
Deine Gegenwart sprengt den Rahmen.
Du überschreitest Schwellen.
Ich glaube, hilf meinem Unglauben.
Willkommen, gebeugter Mensch,
trete ein.

Neu aufleben

Erinnern Sie sich auch daran, wie Sie sich fühlten auf dem Schoss der Mutter, des Vaters, der Grossmutter, des Grossvaters – einfach dort, wo Sie Geschichten hörten? Erinnern Sie sich an diese Geborgenheit, verbunden mit leichtem Erschaudern, wenn der böse, böse Wolf an die Türe klopft? Und der Wolf konnte noch so viele Geisslein fressen – er konnte jedoch Sie selbst nie fressen, weil Sie auf dem Schoss ihrer Mutter sassen, geborgen, unverletzbar...

Ja, ja, als Kind.. Aber noch heute haben Sie Ihre Orte von Geborgenheit: Ein bestimmtes Dorf, ein Waldrand, ein Seeufer, eine Kapelle, ein Haus, ein Baum... Es sind Orte, die mit Erinnerungen, mit Gerüchen verknüpft sind. Orte, die uns daran erinnern, dass wir uns hier ganz wohl fühlten, dass wir hier geliebt wurden, gebraucht wurden. Orte, die uns zur Ruhe finden lassen, fast wie auf dem Schoss oder in den Armen der Eltern. Vielleicht ist es auch das Rascheln der Herbstblätter, der Duft von Marroni (gerösteten Kastanien), das Kerzenlicht am Weihnachtsbaum. Wer Erfahrungen von Geborgenheit gemacht hat, kann besser mit Unsicherheiten leben. Wer irgendwo zu Hause ist, kann in die Fremde ziehen. Unsicherheiten können uns aber auch zu viel werden: Plötzlich wird mein Baum gefällt, kommt die in meiner bisherigen Biographie begründete Sicherheit ins Wanken: Unsichere Arbeitsstelle, unsichere Gesundheit, unsichere Beziehung... Wenn das kommt, wenn das zusammenkommt wie ein Gewitter, das sich zusammenbraut, bräuchten wir einen Ankerplatz oder Burgmauern, die schützen. Irgendetwas muss doch noch Bestand haben, wenn mir alles davon schwimmt!

Geborgenheit vermitteln – „Ja, das ist's“, sagen sich die Autofabrikanten: Retro-Look: Auferstehung der 50er, 60er, 70er Jahre: Runde Lampen, Chromstahl-Kühlergrill, Kotflügel wie Muskelpakete. Da werden Erinnerungen wach an die Formen und Gefühle der Kindheit, der Jugendzeit. Die Konsumenten mit der grössten Kaufkraft, die jungen und jung gebliebenen Senioren, können sich ihre Bubenträume erfüllen – erst noch mit Airbags, ESP und ABS. Der Chromglanz der verlorenen Geborgenheit wird käuflich in Produkten, die uns an die Kindheit erinnern – und erst noch ein Gefühl von Sicherheit vermitteln.

„Ja, das ist's", sagen sich die Hersteller von Markenkleidern: Wer jung ist und die Geborgenheit nicht im Retro-Look sucht, der bekommt sie in einem Label, in einer Kleidermarke: So kleide ich mich, so bin ich. Das gibt mir ein bisschen Sicherheit. Kleider geben mir Identität, meine Accessoires, meine Wohnungseinrichtung zeigen meinen Stil: So zeige ich mich. Gut, dass uns das alles etwas Geborgenheit geben kann, wenn sonst so vieles im Fluss ist. Gut auch, dass Menschen uns Geborgenheit geben können. Was aber, wenn diese Menschen nicht mehr da sind, was aber, wenn mein Markenlabel aus der Mode kommt, wenn mein Automobil auf dem Schrott landet, wo ist meine tiefste Geborgenheit dann?

„Wie der Hirsch verlangt nach frischem Wasser, so verlangt meine Seele nach dir, o Gott! Meine Seele, sie hat Durst nach Gott, nach Gott, dem Lebendigen" (Psalm 42, 2-3, eigene Übersetzung). Durst nach frischem Wasser, nach Wahrheit, nach Leben, so formulierte es ein Sänger vor Jahrtausenden.

Diesen Durst nach dem letzten Sinn können wir heute vorübergehend mit allerlei Ablenkungen löschen: Aktivitäten, Weiterbildung, Hobbies, Games, Abtauchen in Filme und Romane... und das alles ist als Garnitur des Lebens ganz in Ordnung. Aber es gibt nicht Antwort auf den tiefsten Durst im Menschen. Eigentlich will jeder Mensch nicht nur etwas vom Leben haben, sondern das Leben haben. *„Wie der Hirsch verlangt nach frischem Wasser, so verlangt meine Seele nach dir, o Gott! Meine Seele, sie hat Durst..."* Im Tiefsten bewegen jeden Menschen grundlegende Lebensfragen:

Bin ich geliebt – bedingungslos? Hat mein Leben einen Sinn – und welchen? Ist nach dem Tod alles zu Ende – oder doch nicht? Es sind die Fragen aus der Tiefe der Seele, die in Krisensituationen hochkommen. Die Fragen, die wir weder mit Autos, noch mit Kleidern, Aktivitäten oder mit Geld beantworten können. Nicht einmal ein Mensch, der uns liebt, kann diese Fragen für uns beantworten. Wir müssen die Antwort selbst suchen. Jesus Christus gibt Antworten auf die Fragen nach der letzten Geborgenheit. Er vergleicht uns dazu mit Schafen und sich selbst mit einem Hirten.

„Meine Schafe hören auf meine Stimme, und ich kenne sie, und sie folgen mir nach. Und ich gebe ihnen ewiges Leben und sie werden in Ewigkeit nicht umkommen, und niemand wird sie aus meiner Hand reissen. Mein Vater, der sie mir gegeben hat, ist grösser als alle, und niemand kann sie aus der Hand des Vaters reissen. Ich und der Vater sind eins“ (Johannes 10, 27-30 ZüB).

Das sagte Jesus Christus im Vorhof des Tempels am jüdischen Chanukka-Fest, am Lichterfest, das bis heute von den Juden, ziemlich zeitgleich mit unserem Weihnachtsfest, am 25. des Monats Chislev gefeiert wird. Die Juden erinnern sich bei diesem Fest daran, dass sie mit Gottes Hilfe die Belagerung der Syrer im Jahr 164 v.Chr. abschütteln konnten. Der Syrerkönig Antiochus hatte wie ein böser Wolf Jerusalem überfallen, den Tempel besetzt und entweiht. Und als Antiochus nach Jahren endlich besiegt war, da brannte beim Wiedereinweihungsfest des Tempels der Leuchter acht Tage lang mit Öl, das eigentlich nur für einen Tag reichen sollte.
Endlich können wir wieder in unseren Tempel kommen, in den wichtigsten Ort der Geborgenheit, endlich können wir wieder Gottesdienst feiern, das ist die Botschaft des Lichterfests. Während diesem Fest sprach Jesus im Tempel, und er übersetzte den Ort der Geborgenheit ins Leben der Schafhirten: So wie ihr in den riesigen Tempelmauern Geborgenheit spürt, so wie ihr euren Schafen Geborgenheit gebt, so beschützt Gott euch tagtäglich, draussen auf der Weide. Ihr könnt so aufleben, wie eure Vorfahren auflebten, als der böse Feind endlich verschwand. Keiner kann euch diesem Schutz entreissen. Gott ist mächtiger als alle!

Wer je frisch verliebt gewesen ist, kann sich unter ‚neu aufleben’ etwas vorstellen. Alles, alle Lebensbereiche, die Arbeit, der Regen, der Nebel, alles erscheint anders, neu, sinnvoll, erfüllt von der tiefen Freude: Es hat bei uns beiden gefunkt. Liebe gibt dem Leben einen neuen Sinn.
Und genau darum geht es auch bei der Beziehung zum guten Hirten: Alles, alle Lebensbereiche, die Arbeit, Beziehungen, der Nebel des Alltags, alles erscheint anders, neu, sinnvoll, erfüllt von der tiefen Freude: Ich komme nicht zu kurz, ich bin geliebt, weil ich zu Jesus Christus gehöre, so wie ein Schaf zum Hirten gehört. Heute ruft der Hirte: Komme zu mir. Ich gebe dir ewiges Leben – und das beginnt nicht erst nach deinem Tod, das beginnt schon während diesem Leben – und der Tod wird daran nichts ändern

können. Du wirst in Ewigkeit nicht umkommen, niemand wird dich aus meiner Hand reissen, denn Gott ist grösser als alle anderen Mächte und Kräfte.
Du bist geliebt, bedingungslos geliebt. Nicht weil du schön bist, nicht weil du etwas leistest, nicht weil du wenig falsch machst ... nein, einfach geliebt – so wie eine Mutter ihren Säugling liebt, bevor dieser Säugling ihr die Liebe zurückgeben kann, so liebt dich Gott. Gott, dein Hirte, sorgt dafür, dass du nicht zu kurz kommst. Du brauchst nicht andere auszutricksen, du musst nicht zuvorderst stehen, du hast es nicht nötig, dich in den Vordergrund zu drängen. Der Hirte sorgt dafür, dass du nicht zu kurz kommst.

Kriechen wir in Gedanken nochmals auf den Schoss der Mutter, des Grossvaters, zittern wir nochmals kurz vor dem bösen Wolf. Diese Geschichten konnten uns damals nichts antun, wir waren unverletzlich, denn die Mutter hatte die Geschichte im Griff und brachte sie zu einem guten Ende.
Genauso hat Gott unsere persönliche Lebensgeschichte im Griff und er wird sie zu einem guten Ende bringen, zu einem Ende mit Zukunft. Was auch immer mein böser Wolf ist – er kann mich nicht auffressen, wenn der Hirte auch nachts seine Schafherde bewacht. Ich will zu der Herde des guten Hirten gehören. Ich will auf seine Stimme hören, will seine Stimme hören, wie ich die Stimme meiner Mutter hörte. Denn wenn ich auf ihn höre, gehöre ich zu ihm (Martin Buber wird das Zitat zugeschrieben: *„Auf wen ich höre, zu dem gehöre ich." Quelle unbekannt*). Der Glaube an Gott gibt eine neue Lebensperspektive, nämlich die Perspektive des geliebten Menschen. Wer mit absoluter Sicherheit weiss, dass er geliebt wird, der kann den Alltagssituationen und den Mitmenschen gelassener begegnen: Sie nimmt Kritik nicht so schnell persönlich, er traut seinem Vorgesetzten plötzlich auch gute Motive für seine Entscheidungen zu, sie ärgert sich nicht mehr über die Marotten ihres Manns, er sieht die wilden Kinder mit humorvolleren Augen, sie empfindet die Kollegin nicht mehr als Konkurrenz, er hat nicht mehr diffuse Angst vor allem, was ihm fremd ist. Wer mit absoluter Sicherheit weiss, dass er geliebt wird, geliebt wird jetzt und über seinen Tod hinaus, der wird letztlich unverletzlich. Sogar der Tod kann nur noch seinen Körper zerstören, aber nicht mehr ihn selbst.

Aber wenn ich mir das alles nur einbilde mit diesem Glauben? Sie können auf eine ziemlich einfache Weise testen, ob es sich nur um eine Einbildung handelt:
Sind sie fähig, selbst Liebe, Zuneigung zu produzieren? Oder kommen Sie dabei an ihre Grenzen, an die Grenzen Ihrer Kräfte? Menschen können kaum mehr Liebe weitergeben, als sie empfangen haben. Wenn Sie wieder einmal an die Grenzen kommen, dann bitten Sie Jesus Christus: „Gib mir Liebe, fülle das Reservoir neu auf, sei mein Hirte." Lesen Sie beispielsweise den Psalm 23, oder lesen Sie die Bergpredigt in Matthäus Kapitel 5-7. Und testen Sie, was dann geschieht. Wenn Sie tatsächlich neue Kraft bekommen, eine neue Perspektive, neue Liebe zu einem Menschen, der Ihnen gleichgültig geworden ist, wenn sich tatsächlich etwas zu verändern beginnt, dann konnte es keine Einbildung sein, denn unerfüllte, einseitige Liebe macht schwach und verletzlich. Erfüllte, beantwortete Liebe hingegen macht stark und heilt Wunden. Liebe empfangen und Liebe weitergeben. Das und nur das gibt ihrem Leben seinen wahren Sinn – weit über alle vorläufigen Ersatz-Geborgenheiten hinaus.

Wer beim guten Hirten angekommen ist, lebt auf. Wer beim guten Hirten geborgen ist, lebt in der Sicherheit, nach langem Suchen am rechten Ort angekommen zu sein, jetzt und für immer. Das gibt Kraft, um auch den schlimmsten Unsicherheiten des Alltags neu zu begegnen. Dieses Aufleben sehe ich sogar bei schwer kranken Menschen. Sie bekommen Kraft für den nächsten Tag – und innere Ruhe für den letzten Tag.

Jan Amos Comenius lebte im 17.Jahrhundert, in der Slowakei und in Polen, während dem dreissigjährigen Krieg. Er verlor seine beiden Eltern, als er 12-jährig war. Sein Haus verbrannte. Er verlor seine Frau und seine beiden kleinen Kinder an der Pest, als er 30-jährig war. Als 56-Jähriger verlor er auch seine zweite Frau und als er 64-jährig war, brannte im Krieg auch sein zweites Haus ab – mitsamt den tausenden handschriftlichen Seiten, die der Theologe und Pädagoge als Lebenswerk verfasst hatte.

Da schrieb er: *„Alle Verwicklungen der Welt haben nur eine einzige Ursache: Nämlich die, dass die Menschen nicht zwischen dem Unnötigen und dem Nötigen unterscheiden können, dass sie das, was ihnen not ist, übersehen, und sich fortwährend mit dem Unnötigen beschäftigen, sich* *darin verwickeln und verstricken“* (Jan Amos Comenius, zitiert auf: http://www.ebu.de/brueder-unitaet/geschichte/comenius/, abgerufen am 3.2.2015).

Und er betete mit diesen Worten:

Herr, auf ewig mir gewähre,
dass ich ganz dir angehöre,
dass kein anderer die Rechte,
die du auf mich hast, anfechte,
dass ich dich mit Hoffnung fasse,
nie von dir mich trennen lasse.
Du bist Burg und Zufluchtsstätte,
sich‘rer Hafen, Ankerkette.

Amen.

(Jan Amos Comenius in: Die Losungen – Gottes Wort für jeden Tag, Herrnhuter Brüdergemeine, 2002)

Zwischen Ostern und Auffahrt

Vor Ostern war Jesus mit seinen Jüngern unterwegs gewesen, greifbar, als Mensch. Er sagte: Morgen brechen wir auf nach Jerusalem. Oder er sagte: Heute ziehe ich mich alleine zurück, ich brauche Ruhe. Da wussten die Freunde und Jünger meist, woran sie waren. Klar, auch da gab es immer wieder Überraschungen, das gehörte zu Jesus. Aber nicht in dem Mass wie zwischen Ostern und Auffahrt. Er war nicht mehr da und doch da. Alleine gingen sie fischen, und plötzlich stand er am Ufer. Aber meist war er ja nicht zu sehen. Die Jünger fragten sich: Wie soll das weitergehen mit uns? Sollen wir wieder unseren normalen Berufen nachgehen? Wie soll er uns antreffen, wenn er plötzlich erscheint?
Das war eine Wartezeit, die ich bewusst mit unserer Situation vergleiche: Wir erwarten das Wiederkommen von Christus, wissen nicht wann, dürfen uns aber durchaus fragen, wie er uns antreffen soll.
Jesus gab den Jüngern dann den Missionsbefehl. Das war immerhin schon mal ein handfester, klarer Auftrag. Dann kam die Himmelfahrt. Er entschwand ihren Blicken. Gemäss Apostelgeschichte 1,11 wird er auch so wiederkommen am jüngsten Tag. Wie soll er uns antreffen, wenn er plötzlich erscheint? Das ist direkt eine adventliche Frage: Warten auf die Ankunft, auf die zweite Ankunft von Jesus. Wie sollen wir warten? Was heisst es, bereit zu sein?

Es war auf einer Reise im Jahr 1995: In einem kleinen, vierplätzigen Wasserflugzeug über dem peruanischen Urwald habe ich auf dem Co-Pilotensitz Folgendes erlebt: Der Pilot, ein richtig cooler amerikanischer Missionspilot, stellt vor dem Start die richtige Funkfrequenz für seinen Flug ein, bekommt von der Flugkontrolle Angaben zur Flughöhe und Flugzeit, ein Zeitfenster von 90 Minuten – das werden wir schaffen – erst dann geht es los. Zuerst wie im Motorboot auf dem breiten Ucayali-Fluss, Wasser spritzt an die Fenster, dann geht's plötzlich aufwärts. Während dem Flug: Immer wieder Kontakt zur Flugkontrolle. Während dem Flug werden aber auch manchmal Risiken eingegangen: Jedenfalls übergab der Pilot mir für längere Zeit das Steuer über dem weiten Urwald, da er sich um einen kleinen Notfall bei Passagieren und um die Gewichtsverteilung der Ladung kümmern musste. Ich starrte schwitzend auf den Kompass und den künstlichen Horizont in der Anzeige auf dem Armaturenbrett, um das

Flugzeug auch in den Wolken einigermassen waagrecht halten zu können. Und das, bevor ich je mit einem entsprechenden Flugsimulator-Computerspiel hätte üben können! Vor der Wasserung holte der Pilot dann bei der Flugkontrolle die Landeerlaubnis ein – was allerdings nicht verhinderte, dass im Moment der Wasserung ein Kanu mit Indianern auf dem Fluss auftauchte. Reflexartig drückte ich mit aller Kraft den rechten Fuss aufs Bremspedal, das zwar ein wichtiges Pedal, aber keineswegs ein Bremspedal war. Trotz allem wich der coole Pilot dem Kanu mit wassersportlicher Akrobatik aus.
Bin ich auf dem Flug durchs Leben bereit, auf Empfang gestellt? Halte ich den Kontakt zur Flugkontrolle, vielleicht nicht ständig, aber inständig, wenn es drauf ankommt? Nehme ich die mir gegebenen Zeitfenster wahr? Und kenne ich den Blick auf den Kompass – die Bibel? Ist mein Leben justiert, ausgerichtet auf die richtigen Prioritäten, habe ich Funkkontakt, bin ich flugfähig, auch wenn es zwischendurch abenteuerlich zugeht?

Im Matthäusevangelium Kapitel 25, im Kontext der Endzeit, also der Zeit vor der Wiederkunft von Christus, stellt Jesus die Frage der Bereitschaft aus drei verschiedenen Blickwinkeln immer wieder. Sie scheint ihm sehr, sehr wichtig zu sein: Er verwendet dabei drei immer klarer werdende Bilder in Form einer deutlichen Steigerung:

Matthäus 25 (ZüB):
Aus den Versen 1-13: Das Gleichnis von den zehn Jungfrauen: *„Dann wird das Reich der Himmel zehn Jungfrauen gleich sein, die ihre Lampen nahmen und dem Bräutigam entgegengingen."* Nur fünf hatten genügend Öl dabei. Die anderen waren nicht bereit.

Aus den Versen 14-30: Das Gleichnis von den anvertrauten Talenten: Jeder bekommt Gaben, um sie einzusetzen – der eine fünf, der andere drei, der nächste eine. Nach langer Zeit kommt der Herr der Knechte zurück und rechnet mit ihnen ab: *„Recht so, du guter und treuer Knecht, du bist über weniges treu gewesen, ich will dich über vieles setzen..."* Zwei waren bereit, der Dritte hatte sein Talent vergraben, seine Gaben nicht eingesetzt.

Aus den Versen 31-40 (ZüB): Die Scheidung der Schafe und Böcke im Endgericht: *„Wenn aber der Sohn des Menschen in seiner Herrlichkeit* *kommen wird und alle Engel mit ihm, dann wird er sich auf den Thron seiner Herrlichkeit setzen, und vor ihm werden alle Völker versammelt werden, und er wird sie voneinander sondern, wie der Hirt die Schafe von den Böcken sondert. Und die Schafe wird er zu seiner Rechten stellen, die Böcke aber zu seiner Linken. Dann wird der König denen zu seiner Rechten sagen: Kommet her, ihr Gesegneten meines Vaters, ererbet das Reich, das euch von Grundlegung der Welt an bereitet ist! Denn ich war hungrig, und ihr habt mir zu essen gegeben; ich war durstig, und ihr habt mich getränkt; ich war fremd, und ihr habt mich beherbergt; (ich war) nackt, und ihr habt mich bekleidet, ich war krank, und ihr habt mich besucht; ich war im Gefängnis, und ihr seid zu mir gekommen. Dann werden ihm die Gerechten antworten: Herr, wann sahen wir dich hungrig und haben dich gespeist? Oder durstig und haben dich getränkt? Wann sahen wir dich als Fremden und haben dich beherbergt? Oder nackt und haben dich bekleidet? Wann sahen wir dich krank oder im Gefängnis und sind zu dir gekommen? Und der König wird ihnen antworten und sagen: Wahrlich, ich sage euch: Wiefern ihr es einem dieser meiner geringsten Brüder getan habt, habt ihr es mir getan."*

Beim Lesen könnte ein Missverständnis aufkommen: Es geht nicht darum, sich das Himmelreich durch gute Werke verdienen zu können. Die Angesprochenen sind ja ganz überrascht: „Wann sahen wir dich…?" Da gab es keine Berechnung!
Aber der Umgang mit den Gefangenen, Kranken, Schwachen, Fremden ist Auswirkung und Ausdruck des Gesegnet-Seins, des Dazugehörens zur Herde. „Kommt, Ihr Gesegneten…"
Die Gesegneten haben ein grosses Vorrecht: Sie gehören zur Herde, haben einen guten Hirten, der ihnen gibt, was sie brauchen. Deshalb können Gesegnete es sich leisten, für andere zu schauen. Nicht als fromme Pflicht, sondern, weil sie selbst erfahren haben, dass sie nicht Angst haben müssen, zu kurz zu kommen. Sie müssen nicht Angst haben, dass andere ihnen etwas wegnehmen wollen.
‚Bereit sein' hängt direkt mit ‚geliebt sein' zusammen und äussert sich offensichtlich in einer Einsatz- und Risikobereitschaft (Talente) sowie in einer diakonischen Lebensweise, in einer wachen Sensibilität für die geringsten Geschwister, für Schwache, Kranke, Fremde, Gefangene.

Der Hirte weiss, wovon er redet, wenn er gemäss Matthäus 25, 40 sagt: *„Ihr habt es mir getan."* Er selber war fremd, war das Kind von Asylbewerbern, als seine Eltern auf Gottes Befehl hin als politische Flüchtlinge nach Ägypten zogen, er selber hat gehungert in der Wüste, hat Schmerzen gelitten, war Gefangener.
Und erinnern wir uns an die erste Herde dieses Gottes: Das Volk Israel lebte als Fremdlinge in Ägypten, als Wirtschaftsflüchtlinge waren die Brüder von Joseph dorthin gelangt. Dort lebten sie 400 Jahre, dann gab es eine grosse Völkerwanderung. Gott führte sie durch die Wüste. Dort gab er Mose die zehn Gebote.
In 5. Mose 5, 15 lautet die Begründung des Sabbatgebots:
„Und denke daran, dass du Sklave gewesen bist im Lande Ägypten und dass der Herr, dein Gott, dich von dort herausgeführt hat mit starker Hand und ausgestrecktem Arm. Darum hat dir der Herr, dein Gott, geboten, den Ruhetag zu halten." Gott hat dich zur Ruhe kommen lassen, hat dich aus der Sklaverei geführt, darum sollst du den Ruhetag halten, damit auch andere bei dir zur Ruhe, zur Freiheit kommen.
Diese Begründung gehört in eine klare Linie von weiteren Aussagen im 5. Buch Mose, wie 5. Mose 10, 17-19 (ZüB): *„Denn der Herr, euer Gott, ist der Gott, (…) der der Waise und der Witwe Recht schafft und den Fremdling lieb hat, sodass er ihm Brot und Kleidung gibt. Und ihr sollt den Fremdling lieben; denn ihr seid (auch) Fremdlinge gewesen im Lande Ägypten."*

Da wird es sehr praktisch. Was heisst es, Gott zu lieben, ihn nicht zu vergessen? Die Liebe zu Gott ist nicht nur ein frommes Gefühl. Sie wird sichtbar in der Liebe zum Nächsten. Zuerst muss ich lernen, eine Angst abzulegen: Die Angst zu kurz zu kommen, die Angst, als Individuum nicht wahrgenommen zu werden, die Angst, dass mein Individualismus zu kurz kommen könnte.
Wenn wir auf Kranke und Fremde zugehen, ist dies ein Ausdruck für die Grundhaltung: Wir müssen nicht Angst haben, dass wir zu kurz kommen, wenn andere etwas von unserem Besitz und unserer Zeit abbekommen. Wir leben ja als Schafe unter dem Schutz und der Fürsorge unseres Hirten. Christus verstand sich selbst zweifellos als der gute Hirte: *„Ich bin der gute Hirt; der gute Hirt gibt sein Leben hin für die Schafe."* (Johannes 10, 11 ZüB)
Christus kannte seinen Auftrag, die Erfüllung der Prophetie aus dem alttestamentlichen Buch Ezechiel 34, aus den Versen 15 und 20-23 (ZüB):

„Ich selber werde meine Schafe weiden, werde selber sie lagern lassen, spricht Gott der Herr. (…) Ich selbst will Recht sprechen zwischen den fetten und den mageren Schafen; weil ihr die schwachen alle mit Seite und Schulter gedrängt habt (…), will ich nun meinen Schafen zu Hilfe kommen (…) Ich werde über sie einen einzigen Hirten bestellen, der sie weiden soll, meinen Knecht David; der wird sie weiden und der wird ihr Hirte sein.“

Christus ist dieser „Knecht David“. Er ist Hirte über wohlgenährte und magere Schafe. Er will den Mageren Recht schaffen. Wenn Christus in unserer Mitte ist, so ist das Reich Gottes in unserer Mitte. Der Hirte steht in der Mitte der Herde. Das ist Reich Gottes. Das führt uns wieder zurück zu dem Text aus Matthäus, der am Anfang der Predigt stand. Christus kommt in der Zukunft, als Hirte, der richtet – und er ist bereits hier, in der Gegenwart. Uns bereit zu machen auf die Ankunft von Christus, das ist Advent: Ehre sei Gott in der Höhe und Frieden auf Erde! Friede, hebräisch Schalom. Die Wurzel von Schalom ist das Verb *schalam*: Genug haben, wohl sein.

Nur eines müssen wir: Zu ihm hingehen, wie an Weihnachten die Hirten. Die Funkfrequenz unserer Ohren auf ihn ausrichten. Dann erwarten wir sein Kommen nicht nur in der Zukunft, sondern im Jetzt: Er liegt als Kranker im Spital, als Hungernder hier oder weit weg, als Asylant steht er am Strassenrand.

Wenn wir unsere Augen, Ohren und Hände für seine Ankunft bereit machen, bereiten wir uns auf seine Wiederkunft vor. Nicht als gute Tat, sondern schlicht als Folge davon, dass er selbst der Hirte geworden ist, der sich um uns gekümmert hat, als **wir** krank, fremd, hungrig oder gestresst waren. *Schalam,* genug haben, wohl sein. Die Gemeinschaft mit Gott bewirkt das. Auf der Schalom-Funkfrequenz zeigt er uns die Flugroute, so wie er vor seiner Himmelfahrt den Jüngern immer wieder begegnete und ihnen das Ziel nannte:

„Lasset uns lieben, denn er hat uns zuerst geliebt. Wenn jemand sagt: Ich liebe Gott, und (doch) seinen Bruder hasst, ist er ein Lügner. Denn wer seinen Bruder nicht liebt, den er von Angesicht kennt, kann Gott nicht lieben, den er von Angesicht nicht kennt. Und dieses Gebot haben wir von ihm, dass, wer Gott liebt, auch seinen Bruder lieben soll“ (1. Johannes 4, 19-21 ZüB).

Amen.

Dein Wille geschehe wie im Himmel so auf Erden.

Wie dein Wille im Himmel schon immer geschah,
So erfasse er rettend die Welt.
Was Himmel und Erde zusammenhält,
Ist dein Wille, ist Christus, dein Ja.

Sie ist für mich eine Mutter (Eine Muttertagspredigt)

In praktizierenden jüdischen Familien wird ein bestimmter Bibeltext jeden Freitagabend gelesen. Zu Beginn des Sabbat liest der Vater diesen Text der Familie vor. Eher unbekannt ist dieser Abschnitt aus dem Buch der Sprüche Kap. 31 im christlichen Umfeld. Was ist so besonders an diesen Versen? Es sind die Ratschläge einer Mutter an ihren Sohn, an den König Lemuel, wohl einen Midianiterkönig. Und aus Dankbarkeit und Ehrfurcht gegenüber ihrer Frau, der Mutter ihrer Kinder, lesen jüdische Väter diesen Text also wöchentlich ihren Kindern vor. Ich gebe ihn ausschnittweise, in gekürzter Form wieder :

„Eine tüchtige Frau, wer findet sie? Ihr Wert ist unschätzbar. Ihr Mann kann sich von Herzen auf sie verlassen, sie vermehrt seinen Besitz. Ihr ganzes Leben lang behandelt sie ihn gut und enttäuscht ihn nicht. (…) Sie schafft Nahrung herbei wie Handelsschiffe aus fernen Ländern. Bevor die Nacht vorbei ist, steht sie auf und bereitet für alle im Haus die Mahlzeiten vor (…). Sie packt ihre Aufgaben kraftvoll an und scheut keinen Aufwand. Sie geniesst es, dass ihre Mühe etwas bringt; bis in die Nacht hinein löscht sie das Licht ihrer Lampe nicht aus. (…) Mit beiden Händen gibt sie den Notleidenden; ihre beiden Arme streckt sie den Armen entgegen. Schnee bereitet ihr keinen Kummer, denn sie hat für alle im Haus warme Kleidung bereit. (…) Was sie sagt, macht Sinn; ihre Ratschläge sind von Güte geprägt. Sie hat den Überblick, sie weiss, was geht in ihrem Haus (…). Ihre Kinder stehen hinter ihr; sie sind stolz auf sie, und ihr Mann rühmt sie auch. ‚Viele Frauen sind tüchtig', sagt er; ‚du aber übertriffst sie alle!' Anmut und Schönheit werden vergehen wie ein Windhauch; aber wenn eine Frau Gott ehrt mit ihrem Leben, dann verdient sie wirklich Lob. Gebt ihr, was sie verdient hat! Ihr Wirken bringt ihr den Respekt der ganzen Stadt ein" (aus Sprüche 31, 10-31; eigene Übersetzung).

Jawohl, ein Dank allen Müttern! Diese Königsmutter wünscht sich also eine fleissige, energische, liebreiche, verständige, wohltätige und gottesfürchtige Schwiegertochter. Und doch vermögen alle diese Eigenschaften den wahren Wert einer Frau und Mutter nur bruchstückhaft zu umreissen. Eine Frau und Mutter ist weit mehr als die Summe positiver – und natürlich nicht nur positiver – Eigenschaften. Sie ist da, sie hört zu, sie ist der Pol und die Achse des Familienlebens. Was es bedeutet, wenn die Mutter nicht mehr da ist, wenn sie stirbt, das habe ich in der eigenen Jugend und auch im Leben anderer erfahren müssen. Dann wird ganz klar, was das Dasein einer Mutter wirklich bedeutet oder bedeuten würde. Dann wird viel Anderes ganz unwichtig.

Heute ist ein Tag der Freude über all die Mütter, die da sind – und sie sind ganz wichtig – nicht nur heute. Ihre Wichtigkeit als Mutter können Kinder heute mit Blumen und anderen Überraschungen zum Ausdruck bringen. Ihre Wichtigkeit als Frau können Männer zum Ausdruck bringen, wenn sie ihre Frauen z.B. für ein Wochenende irgendwohin entführen, und zwar ohne die Kinder. Mütter verdienen es, geehrt zu werden. Ehre, hebräisch *kabod,* bedeutet gleichzeitig ‚Gewicht'. Der Stimme einer Mutter geben wir Gewicht, wir nehmen sie für wichtig.

Ihre Wichtigkeit bringt aber auch Gott durch Worte des Propheten Jesaja zum Ausdruck. Er vergleicht seine Zuwendung zum Volk in Jerusalem mit der Liebe einer Mutter zu ihrem Kind:

„Ihre Kinder werden auf den Armen getragen und auf den Knien geliebkost werden. Wie einen seine Mutter tröstet, will ich euch trösten" (Jesaja 66, 12b-13a ZüB).

Zuerst einmal: Gott ist nicht nur Vater, vielmehr schreibt er sich selbst durch den Mund von Jesaja auch mütterliche Eigenschaften zu: „Wie einen seine Mutter tröstet, so will ich euch trösten." Dieser Satz gilt auch für diejenigen, welche keine Mutterwärme mehr bekommen. Auch für euch ist Gott ein Ort, wo ihr Geborgenheit erfahren könnt wie bei einer Mutter.

Der Text richtete sich an die Israeliten in der Fremde, im Exil, die wie Asylanten, kriegsgeschädigt, sich fragten, ob sie je wieder in ihre zerstörte Heimat zurückkehren können. Jerusalem soll wieder eine Heimat werden, soll wieder werden wie Mutterarme, dort werden sie sitzen wie auf dem Schoss ihrer Mutter, damit sie wieder ein Zuhause haben. Es geht also ums Heimkehren in die Geborgenheit. Es geht um Erwachsene, um enttäuschte, lebensmüde, kranke, verbitterte, elende Erwachsene. Elend, das bedeutet vom mittelhochdeutschen *ellende* her: Ausland, nicht zuhause, nicht mal bei sich selbst zuhause sein, schutzlos sein. Das bedeutet es, elend zu sein. Diese Elenden bekommen mitten in ihr Elend hinein das Prophetenwort: *„Wie einen seine Mutter tröstet, so will ich euch trösten."*

Gott hat durch einen Propheten, durch Jesaja, dieses Versprechen abgegeben. Das ist typisch für Gott. Er braucht gerne Menschen, um andere Menschen zu trösten. Das macht er sogar heute noch so.

Ich hatte einmal eine ganz eindrückliche Begegnung. Da sagte eine etwa sechzigjährige Frau über eine Gleichaltrige: „Sie ist für mich eine Mutter, ihr verdanke ich alles." Was war da geschehen?

Ich sitze in Lima, Peru im einfachen, hübschen Miethaus der Missionarin Theres. Um sie herum fünf Frauen zwischen 19 und 80 Jahren. Und eine dieser Frauen hat eben gerade über Theres gesagt: „Sie ist für mich eine Mutter." Was hat Theres denn getan?

Sie hat regelmässig im Frauengefängnis von Lima Frauen besucht; elende, enttäuschte, verbitterte Frauen. Sie hat diesen Frauen von Gott erzählt und hat in ihr Leben eine Botschaft Gottes übersetzt: „Du bist wertvoll. Dein Leben hat einen Wert." Und für die Kinder vieler Frauen, für kleine Kinder, die mit ihren Müttern im Gefängnis sitzen, hat sie Kinderprogramme durchgeführt. Und jetzt, da diese Frauen aus dem Gefängnis entlassen worden sind, nach Jahren oder Jahrzehnten, wohnen sie bei Theres, bis Theres einen anderen guten Platz für sie gefunden hat. Sie lernen kochen und nähen, sie werden gesund gepflegt an Leib und Seele, sie, die Bandenführerin und Mörderin, und sie, die Entführerin, und sie, die Drogenhändlerin. Sie lernen nicht nur kochen und nähen, sie gehen mehrmals wöchentlich zusammen mit Theres in die Elendsviertel, dort kochen sie für über hundert Kinder, dort erteilen sie Jungscharlektionen, basteln sie mit Kindern, die sonst auf der Strasse leben. Vorbildliche Vorbereitungsbogen habe ich gesehen für diese Lektionen. Die früheren Gefangenen lernen, mit der Bibel zu arbeiten, die Botschaft „du bist wertvoll" weiterzugeben, das lernen diese Frauen. Jede hat eine Verantwortung, gerade so gross, dass sie diese tragen kann. Da unterbricht die jüngste der Frauen das Gespräch, sie ist erst seit wenigen Tagen aus dem Gefängnis entlassen, noch ganz neu bei Theres: „Aber ich habe noch keine Verantwortung!" Erstaunt und liebevoll schaut Theres die 19-Jährige an; „Aber natürlich hast du eine Verantwortung... Du warst doch gestern dafür verantwortlich, dass alle Kinder bei den Hütten hinter dem Flugplatz saubere Hände hatten, bevor sie zu essen bekamen." Ein Strahlen breitet sich auf dem Gesicht aus, das selber noch ein Kindergesicht ist: „Stimmt, auch ich habe eine Verantwortung."

Die frühere Mörderin war es, die mir den Teller liebevoll garniert und serviert hat. Sie, die als Bandenführerin berufsmässig mit der Maschinenpistole gearbeitet hatte, hat nach Jahrzehnten einen Blick bekommen für die schöne Präsentation eines Tellers mit Reis, Fleisch und Gemüse. Sie hilft mit, dass im kleinen Garten hinter dem Haus so viele Blumen blühen, Bananen gedeihen, Küchenkräuter nicht vertrocknen im heissen Lima-Sommer.

Bei Theres wohnen auch viele Tiere: Neben Katze, Papagei und Schildkröte noch mehrere Hunde. Die Frauen kümmern sich um die Tiere, lernen behutsam zu sein, lernen Grenzen zu respektieren – der Papagei lässt sich nicht von jeder streicheln, davon zeugte eine mir vorgeführte, erst gerade abheilende Wunde. Diese Frauen werden auch im Umgang mit den Tieren gebraucht – und dürfen später ein Tier in ihr neues Zuhause mitnehmen, eine Beziehung greifbar mitnehmen.

„Sie ist für mich eine Mutter" hat eine der Frauen gesagt. Sie, Theres, ledige Missionarin, die keine Kinder zur Welt gebracht hat, ist eine Mutter für viele. Elende finden eine Mutter, finden aus dem Fremdsein zurück nach Hause, zur Geborgenheit, auf den Schoss Gottes. Theres übersetzt durch ihr Handeln die Liebe Gottes in das Leben dieser Frauen. „Bist du noch nie bestohlen oder ausgenützt worden?", fragte ich Theres. „Doch, schon, Enttäuschungen gehören auch dazu." Aber sie ist mehr beschenkt als bestohlen worden durch die Anwesenheit ihrer Gäste.

Elend sein, sich selbst entfremdet sein, dafür muss man nicht Verbrecher gewesen sein, muss man nicht im Gefängnis gewesen sein. Wenn Jesus sich Sündern zuwendet, dann wendet er sich uns zu. Wir haben andere verletzt, ohne je eine Maschinenpistole gebraucht zu haben. Wir haben die Freiheit von anderen eingeschränkt, ohne je einen Menschen entführt zu haben. Wir haben andere und uns selbst betrogen, ohne je mit Drogen gedealt zu haben. Für uns alle ist Platz auf dem Schoss Gottes, wenn wir neu dorthin zurückkehren wollen.

Gott möchte uns etwas sagen; Henri Nouwen hat es so geschrieben: *„Du musst beten. Denn das schafft Raum für die Stimme Gottes, die dir sagt, dass du der Geliebte bist. Wenn du nicht betest, rennst du herum und bettelst um Bestätigung, um Lob und Erfolg. Und dann bist du nicht frei"* (Henri Nouwen in Aufatmen 2/96, S.30).

Frei bin ich also dann, wenn ich weiss, dass ich die Geliebte, der Geliebte bin. Das gibt mir die Bestätigung, die ich brauche. Das macht mich frei davon, diese Bestätigung sonst überall suchen zu müssen.

Als das Volk Israel dann wirklich aus der babylonischen Gefangenschaft nach Jerusalem zurückkehrte, da waren sie zwar frei, aber viele lebten noch wie Gefangene: Die Verhaltensmuster der Gefangenschaft hatten sich ihnen eingeprägt. Sie brachten die Gewohnheiten aus der Gefangenschaft mit in die Freiheit. Es brauchte einen Prozess des nach Hause Kommens, der weit über die geographische Wanderung hinausging.

Wenn ehemalige Gefangene aus dem Gefängnis herauskommen und dann bei Theres wohnen, bringen sie auch Erinnerungen und Verhaltensmuster aus dem Gefängnis mit. Nach ihrem Körper müssen auch ihre Gedanken und Gefühle den Weg in die Freiheit nachvollziehen. Manche haben diesen Weg der Freiheit allerdings schon in der Gefangenschaft begonnen. Als sie Christus bewusst an die erste Stelle ihres Lebens setzten, begannen sie noch im Gefängnis den Weg der Freiheit zu gehen.

Und wir? Sind unsere Gedanken beim Aufwachen, beim Einschlafen, sind unsere Selbstgespräche mehr bei dem, was uns gefangen nimmt oder mehr bei dem, der uns frei macht? Sind aus unseren Selbstgesprächen schon Zwiegespräche, Gebete geworden? Nimmt die Vergangenheit uns gefangen? Nehmen Tagträume, Unzufriedenheit, Kritik an andern, Zweifel an uns selbst uns gefangen, also die Verhaltensmuster der Gefangenschaft, oder sind wir durchdrungen von der Stimme Gottes, die sagt: „Du bist geliebt, das macht dich frei."

Wenn es mir, wenn es dir keine Mutter mehr zeigen oder sagen kann, dass du geliebt bist, so sagt es dir heute Gott: „Du bist aus dem Elend heraus geliebt, du bist geliebt. Und sage es den Elenden weiter, im Gefängnis, im direkten Umfeld: du bist geliebt. Und sage es wie eine Mutter, also nicht nur mit Worten: Du bist geliebt."

Amen.

Geborgen

Der höchste Wert meiner Freiheit
liegt in frei gewählter Bindung an dich.
Sie erst schafft die Freiheit,
ganz mich selbst zu sein.
Ich habe mich gebunden, verbunden mit dir.
Entbunden von mir, bin ich doch ich durch dich.

Maria – anders als erwartet

Als Elisabeth im sechsten Monat war, *„wurde der Engel Gabriel von Gott in eine Stadt Galiläas namens Nazareth gesandt zu einer Jungfrau, die verlobt war mit einem Mann namens Joseph aus dem Hause Davids; und der Name der Jungfrau war Maria. Und er kam zu ihr herein und sprach: Sei gegrüsst, du Begnadete! Der Herr ist mit dir“* (Lukas 1, 26-28 ZüB).

Darauf offenbart der Engel Maria, dass sie ein Kind gebären werde, das „Sohn des Höchsten“ genannt werden wird. Sie erschrickt und fragt, wie das gehen soll. Der Engel Gabriel antwortet ihr, dass Gottes Geist über sie kommen wird und **seine** Kraft wird das Wunder vollbringen.

1. Marias Demut

Einiges entwickelte sich anders als erwartet im Leben Marias. Die Ankündigung des Engels stellte die Zukunftsvorstellungen Marias und auch Josefs wohl völlig auf den Kopf. Doch Maria antwortete dem Engel Gabriel: *„Ich gehöre dem Herrn, ich stehe ihm ganz zur Verfügung. Es soll an mir geschehen, was du gesagt hast“ (Lukas 1, 38;* Gute Nachricht).

„Ich stehe ihm ganz zur Verfügung,“ was bedeutet das? Maria wurde durch ihre demütige Haltung zu einem Vorbild im Leben nach Gottes Willen. Gott zu erlauben, sie zu prägen, das war **ihre persönliche Entscheidung**. Gott bewusst einzuladen, sich in meine Pläne einzumischen, das ist meine persönliche Entscheidung. Dadurch kann ich auch zur Bereitschaft herausgefordert werden, meine Pläne aufzugeben oder zu ändern.

Doch wie erkenne ich überhaupt, was dem Willen Gottes entspricht, wenn nicht ein Engel Klartext spricht? Verschiedene Menschen haben verschiedene Ohren, Gott spricht auf verschiedenen Frequenzen (frei nach einem Vortrag von Heinz Zindel, Begründer der Stiftung *Gott hilft* in Graubünden, Schweiz). Ein Rückblick auf mein bisheriges Leben hilft mir, zu erforschen: Auf welcher Frequenz spricht Gott zu mir? Wie höre ich ihn am besten? Beim Gespräch mit andern, durch die Gemeinschaft? Beim Lesen in der Bibel? Werde ich von einzelnen Stellen angesprochen, durch Tageslosungen, Psalmen, durch Verheissungen, die ich ganz persönlich nehme? Beim Rückzug zum persönlichen Gebet, vielleicht zu einem Tag oder mehreren Tagen der Stille? Beim Aufschreiben eigener Gedanken, beim Schreiben eines Tagebuchs? Durch Träume oder Bilder? Dadurch, dass ich einen ersten Schritt gehe und Gott bitte, eine Türe auf- oder zuzutun? Oder höre ich ihn sogar auf mehreren dieser Frequenzen?

Den Willen Gottes zu erforschen und zu tun, das ist das Eine. Dass er einem dabei nicht alle Schwierigkeiten aus dem Weg räumt, das ist das Andere. Er kann uns gar zumuten, einen unverständlichen, einen schweren Weg zu gehen. Das verstehen wir häufig nicht. Da kann eine Krankheit alles in Frage stellen, da können äussere Umstände geniale Pläne verunmöglichen. Was dann? Alles als Schicksal annehmen? Oder kämpfen, Gott im Gebet bestürmen? Heinz Zindel sagte in einem persönlichen Gespräch vor Jahren wenige Worte zu dieser Frage. Es sind Worte, die ich nie mehr vergessen werde: *„Alles von Gott erwarten und Gott alles überlassen"*.
Dies ist das Spannungsfeld, das es auszuhalten gilt – mit Gottes Hilfe. Sich Gottes Willen auszuliefern bedeutet nicht, passiv zu werden, sondern Gottes Willen aktiv umzusetzen: Maria setzte sich beherzt für ihren Sohn ein. Darauf komme ich später zurück.

2. Marias revolutionäre Sicht
Ich wende mich dem Lobgesang Marias zu, so wie er im Lukasevangelium 1, 46-55 (ZüB) überliefert ist:

46 „Meine Seele erhebt den Herrn,
47 und mein Geist 'frohlockt über Gott, meinen Heiland,
48 dass er hingesehen hat auf die Niedrigkeit seiner Magd', denn siehe, von jetzt an werden mich seligpreisen alle Geschlechter."

Der Lobgesang Marias beinhaltet manche Parallelen zum Lobgesang Hannas, der Mutter des Propheten Samuel (1. Samuel 2, 1-10).
Maria erkennt in alttestamentlichen Texten, gerade auch in den Psalmen, was Gott mit ihr vorhat, was der ihr ganz persönlich verheissene Messias verändern wird, was er der Welt bringen wird. Sie kennt die alten messianischen Verheissungen. So bezieht sie sich in Vers 48 auf den Psalm 113, 7a (ZüB): Gott, „ *der aus dem Staub den Geringen aufrichtet."*

49 „Denn Grosses hat mir der Mächtige getan, und 'heilig ist sein Name',
50 und 'seine Barmherzigkeit währt von Geschlecht zu Geschlecht über die, welche ihn fürchten'."

Maria bezieht Psalmverse auf ihre ganz persönliche Situation; in Vers 49 wendet sie Psalm 126, 3 auf sich selbst an: *„Gott hat Grosses an uns getan, darüber sind wir fröhlich."* In Vers 50 erscheint ein Bezug zu Psalm 103, 13 (ZüB): *„Wie sich ein Vater über seine Kinder erbarmt, so erbarmt sich der Herr über die, die ihn fürchten."*

Nun folgen Worte, die nicht so recht zum Kerzenschein und zur rosa Krippenfigur passen wollen:

51 Er hat Macht geübt mit seinem Arm; 'er hat zerstreut, die hochmütig sind' in ihres Herzens Sinn;
52 er hat Gewaltige von den Thronen gestossen und Niedrige erhöht.
53 'Hungrige hat er mit Gütern gefüllt' und Reiche leer weggeschickt."

Diese Worte würde man Maria wohl kaum zuschreiben. Sie sind alles andere als süss und lieb. Marias Vision und Proklamation war und ist hochgradig politisch und eben – **revolutionär**. Wiederum klingen alttestamentliche Texte an: Im Vers 52 erkennen wir Psalm 147, 6 (ZüB): *„Der Herr hilft den Gebeugten auf, die Gottlosen erniedrigt er in den Staub."* Im Vers 53 leuchtet Psalm 107, 9 (ZüB) auf: *„...dass er die lechzende Seele gesättigt und die hungrige Seele mit Gutem gelabt hat."* Aber nur im Lobgesang Marias folgt darauf auch noch die Zuspitzung *„und Reiche leer weggeschickt."*

54: „Er hat sich Israels, seines Knechtes, angenommen, zu gedenken der Barmherzigkeit,
55: wie er geredet hat zu unseren Vätern, gegenüber Abraham und seiner Nachkommenschaft in Ewigkeit."

Die Verse 54-55 nehmen Psalm 98, 3 (ZüB) auf: *„Er hat seiner Gnade gegenüber Jakob gedacht, seiner Treue gegen das Haus Israel."*

Beim Aufdecken dieser Bezüge wird klar: Maria hatte eine Vision, eine Erwartung für den ihr angekündigten Sohn, den verheissenen Messias, den Retter des jüdischen Volks. Marias Vertrauen und ihre Erwartung, dass Jesus machtvoll handeln wird, leuchtet dann auch bei der Hochzeit in Kanaan auf: *„Was er euch sagen wird, das tut"* (Johannes 2, 5 ZüB)!
An der recht schroffen Reaktion von Jesus wird dann deutlich, dass Maria ihn wohl nicht zum ersten Mal aufforderte, vielleicht sogar drängte, zu handeln. Jesus wollte sich nicht drängen lassen – und handelte dann doch, und es war ein Vorgeschmack auf die späteren Speisungswunder, als er den Hungrigen wirklich reichlich zu essen gab. Zudem proklamierte Jesus in den Seligpreisungen teilweise dasselbe, was Maria in ihrem Lobgesang schon angekündet hatte (Lukas 6, 20-21 und 24-25 ZüB):

„Selig seid ihr Armen, denn euch gehört das Reich Gottes. Selig seid ihr, die ihr jetzt hungert; denn ihr werdet gesättigt werden. Selig seid ihr, die ihr jetzt weint; denn ihr werdet lachen. (...) Doch wehe euch, ihr Reichen; denn ihr habt euren Trost dahin. Wehe euch, die ihr jetzt satt seid; ihr

werdet hungern. Wehe euch, die ihr jetzt lacht, denn ihr werdet trauern und weinen." Die Seligpreisungen sind mindestens so revolutionär wie der Lobgesang Marias!

3. Marias Tragfähigkeit

Neben der demütigen und der revolutionären Seite hatte Maria auch eine weitere grosse Fähigkeit. Sie **bewegte in ihrem Herzen**, was sie hörte. Im hebräischen Umfeld ist das Herz der Ort der Reflexion, der Ort des Denkens, der Ort, wo der Wille heranreift, der Ort, wo Entscheidungen getroffen werden.

Sie hörte und bewahrte die Worte der Hirten, die in den Stall kamen und verkündeten, dass Gottes Herrlichkeit angebrochen sei, dass sein Friedensreich nun beginne: *„Maria aber behielt alle diese Worte und erwog sie in ihrem Herzen"* (Lukas 2, 19 ZüB).

Auch vergass sie die Worte des alten Sehers Simeon im Tempel nicht: *„Aber auch dir selbst wird ein Schwert durch die Seele dringen..."* (Lukas 2, 35 ZüB). Ein solcher Stich geschah schon, als der 12-jährige Jesus seinen Eltern viel Kummer bereitete, da er plötzlich seine Reisegruppe verliess und sie ihn drei Tage lang suchten, bis sie ihn im Tempel fanden. Maria sagte: *„Kind, warum hast du uns das getan? Siehe, dein Vater und ich suchen dich mit Schmerzen."* Jesus gab zur Antwort: *„Warum habt ihr mich gesucht? Wusstet ihr nicht, dass ich sein muss in dem, was meines Vaters ist"* (Lukas 2, 48b-49 ZüB)? Und wieder können wir lesen: *„Und seine Mutter behielt alle die Worte in ihrem Herzen"* (Lukas 2, 51b ZüB).

Marias Nachdenken, ihr Lesen in der Schrift, ihre Zeiten der Zwiesprache mit Gott und des Bewegens im Herzen machten sie **tragfähig**. Sie musste noch manchen Schmerz tragen bis hin zum Leidensweg ihres Sohnes. Und schliesslich stand sie während der Kreuzigung direkt neben ihm, unter dem Kreuz. Der Wunsch, ihrem Sohn im Leiden nahe zu sein und zur Seite zu stehen war grösser als die Angst vor ihrem eigenen Leiden beim Anblick des Gekreuzigten.

Seit einer unserer Söhne sich einer schweren Hirnoperation unterziehen musste, kann ich anders als bisher mitvollziehen, wie es einer Mutter ergeht angesichts des Leidens ihres Sohns oder ihrer Tochter. Als Eltern kann man gar nicht anders, als innerlich mitzugehen und die Nähe des – auch längst erwachsenen – Kindes zu suchen.

Maria musste neben dem unermesslichen Schmerz, ihren Sohn leiden und sterben zu sehen, auch noch die unsägliche Enttäuschung verkraften, dass das erwartete Reich Gottes nicht, noch nicht, so anbricht, wie sie es in ihrem Lobgesang, ihrem Magnificat, besungen hatte. Jesus erfüllte viele Erwartungen nicht so, wie Maria und die Jünger es meinten. Er befreite das Volk nicht von den Römern. Sie mussten Bilder, Vorstellungen, auch ihre Interpretation von alten Verheissungen loslassen. Gerade das ist so schwer: Zu **unterscheiden zwischen einer Verheissung und meiner Interpretation der Verheissung**. Und dann an der Verheissung festzuhalten, auch wenn meine Interpretation der Verheissung sich nicht erfüllt hat.

Maria konnte noch nicht erahnen, dass das anbrechende Reich von Christus über Jahrtausende hinweg immer wieder neu dazu führen wird, dass Mächtige vom Thron gestürzt werden, dass Menschen ihr Leben uneingeschränkt für die Armen einsetzen, dass Unterdrückte aufgerichtet werden, dass auch die Präambel der Schweizer Bundesverfassung beginnen wird mit *„Im Namen Gottes des Allmächtigen"* und endet mit *„gewiss (...), dass die Stärke des Volkes sich misst am Wohl der Schwachen."*

Das **ist** revolutionär, die jüdisch-christliche Lehre bedeutet tatsächlich, so wie der Philosoph Friedrich Nietzsche verurteilend analysierte: die *„Umwerthung aller Werthe"* (siehe Friedrich Nietzsche: Der Antichrist. 1888, Kapitel 62).
Das Reich Christi verkörpert eine entschiedene **Antithese** zum Gedanken, der Stärkere habe ein Recht, auf Kosten des Schwächeren zu überleben.

Aber auf die vollumfängliche Erfüllung der Worte von Maria müssen auch wir noch warten: Erst im vollendeten Reich Gottes, nach dem zweiten Kommen des Messias, wird die Erfüllung sichtbar werden, wird kein Schmerz, kein Hunger, keine Krankheit und kein Tod mehr sein. Bis es so weit ist, haben die Nachfolger von Christus allerdings einen Auftrag:

Der Auftrag lautet, **mit Marias Demut** Gott zu erlauben, sich in unsere Pläne einzumischen, über unser Leben zu bestimmen – und dabei alles von Gott zu erwarten und Gott alles zu überlassen. Es ist die Spannung zwischen dem beherzten Beten und Festhalten an Verheissungen und gleichzeitig dem vertrauensvollen Loslassen. So war es auch bei Jakob, der beherzt gekämpft hatte mit Gottes Engel und dadurch siegte, dass er sich besiegen liess (siehe 1. Mose Kapitel 32).

Der Auftrag lautet, **mit Marias revolutionärer Sicht** das in unseren Möglichkeiten und in unserer Verantwortung Liegende zu tun, damit das Reich Gottes hier und jetzt schon anbricht, damit Gottes verändernde Gerechtigkeit hier und jetzt schon beginnt, Gestalt anzunehmen, damit die

Niedrigen, die Hungernden, die Unterdrückten und Fremden hier und jetzt schon zu spüren bekommen, dass Christus am Wirken ist, so wie er an der Hochzeit in Kanaan, bei der Speisung von 5000 Menschen, bei der Heilung von vielen Kranken zu wirken begonnen hat.

Der Auftrag lautet, **mit Marias Tragfähigkeit** Gott zuzugestehen, dass neben dem Schönen auch Schweres zu unserem Weg mit ihm gehört, dass er uns viel zutraut und viel zumutet, dass zum Erleben starker Liebe auch das Erleben tiefen Schmerzes gehören kann und dass es Verheissungen gibt, die erst nach unserer Zeit in Erfüllung gehen werden. In all dem müssen wir wissen: Gerade im Schwersten, im grössten Schmerz, ist Jesus Maria am Nächsten. Vom Kreuz herab kümmert er sich um sie: Er gibt dem Jünger, der ihm besonders nahe gestanden ist, den Auftrag, sich um seine Mutter zu kümmern (siehe Johannes 19, 26-27). Vom Kreuz herab kümmert sich Christus um den Schmerz Marias, um deinen und meinen Schmerz.

Das ist aber nicht das Schlusswort. Das Schlusswort gehört der unfassbaren Freude Marias über die angekündigte Geburt ihres Sohnes: *„Meine Seele erhebt den Herrn, und mein Geist 'frohlockt über Gott, meinen Heiland, dass er hingesehen hat auf die Niedrigkeit seiner Magd', denn siehe, von jetzt an werden mich seligpreisen alle Geschlechter. Denn Grosses hat mir der Mächtige getan, und 'heilig ist sein Name', und 'seine Barmherzigkeit währt von Geschlecht zu Geschlecht über die, welche ihn fürchten'"* (Lukas 1, 46b-50 ZüB).

Amen

In Ewigkeit. Amen

Ewigkeit strahlt über unserer Welt, wo Gott sich zeigt:
In seinem Sohn
In seinem Wort
In der Schöpfung
In anderen Menschen
In der Gemeinschaft
In unserem Herzen
Im hoffnungsvollen Glauben
Im Leben und im Sterben
Amen.

Weihnachten: Am Ende bleibt, was am Anfang war

„Das Volk, das in der Finsternis wandelt, sieht ein grosses Licht; die im Lande des Dunkels wohnen, über ihnen strahlt ein Licht auf. (…) Denn ein Kind ist uns geboren, ein Sohn ist uns gegeben, und die Herrschaft kommt auf seine Schulter, und er wird genannt: Wunderrat, starker Gott, Ewigvater, Friedefürst“ (Jesaja 9, 2+6 ZüB).

An Weihnachten gibt es Weihnachtsgeschenke. Oder vielleicht erinnern Sie sich mit leiser Wehmut an die Kindheit, als es noch Geschenke gab. Jesaja spricht vom eigentlichen Weihnachtsgeschenk, vom ersten, vom entscheidenden Geschenk: Ein Kind ist uns geboren, ein Sohn ist uns gegeben, ist uns geschenkt worden. Nicht die Weisen mit Gold, Weihrauch und Myrrhe sind dann in der Weihnachtsgeschichte das Hauptthema, wenn es um Geschenke geht. Auch nicht die Hirten sind die Schenkenden. Sie alle sind die Beschenkten. Gott schenkt sich den Menschen. Die Gnade Gottes ist das Thema, denn Gnade, griechisch *charis*, bedeutet auch Geschenk. Charis ist abgeleitet von *chara*, Freude. Und ein Geschenk ist das, was Freude bereitet.

Dass Gott in Armut als Kind auf die Welt kommt, scheint uns seit unserem ersten Krippenspiel selbstverständlich. Dabei steckt so viel mehr dahinter. Was Gnade bedeutet, das zeigt uns ein Kind. Gnade zu erfahren heisst: Ich habe nichts zu bieten, ich empfange. Ein Säugling empfängt Liebe, Nahrung, Zuwendung, als Geschenk. Er bezahlt nicht dafür, er muss nicht gehorsam sein dafür, er empfängt einfach. Und gleichzeitig entsteht durch sein Empfangen eine tiefe Beziehung zwischen Mutter und Kind, zwischen den Eltern und dem Kind, zwischen den gebenden und dem Empfangenden. Das ist die Bedeutung der Gnade. Angenommen sein mit dem Ziel, in einer Beziehung zu leben, in Beziehungen zu leben.

Wie empfängt ein Säugling Liebe? Da hilft uns das hebräische Wort für Gnade und Erbarmen weiter, *channan:* Das Wort steckt auch hinter Namen wie Hanna, Johanna, Johannes. Es bedeutet: Jemandem gnädig sein, jemandem geneigt sein, ursprünglich: Sich hinab beugen. Gott beugt sich hinab, wie eine Mutter sich über ihr Kind beugt. Ich zitiere wie schon in der Predigt zum Muttertag Jesaja 66,12b-13 (ZüB):*„Ihre Kinder werden auf den Armen getragen und auf den Knien geliebkost werden. Wie einen seine Mutter tröstet, so will ich euch trösten (...).“*

Und es kommt noch besser: Dass Kinder auf den Knien geliebkost werden, „hoppe, hoppe Reiter", klar, das kennen wir. Die Knie sind auf Hebräisch *bäräk*. Und der Segen ist arabisch *barak*, entsprechend hebräisch *baruch*.

Ein Kind, das auf den Knien der Mutter sitzt, ist ein auf dem „Segen" sitzendes Kind, wenn wir uns das Wortfeld vor Augen führen. Gesegnet sein, auf den Knien Gottes reiten dürfen. ‚Gesegnet sein' bedeutet auch ‚glücklich sein', das kann man sich so ganz gut vorstellen.

Auch gab es im alten Israel einen Brauch, dass der Vater nach der Geburt das Kind auf seine Knie legte, und es somit als sein Kind anerkannte. Wenn Gott segnet, sagt er: Ihr seid **meine** Kinder, ich gebe euch Geborgenheit, ein Daheim, einen Schutz. Ich nehme euch auf meine Knie.

Das klingt auch im aaronitischen Segen an: *„Der Herr segne dich und behüte dich! Der Herr lasse sein Angesicht über dir leuchten und sei dir gnädig"* (4. Mose 6, 24-25 ZüB)! Schon wieder das Kind auf den Knien der Eltern, das Gesicht der Eltern beugt sich zu ihm, es ‚leuchtet' zu ihm, ein inniger Kontakt, ob du jetzt lachst oder schreist oder trotzen willst – ich wende mein Gesicht dir zu, ich schaue zu dir.

Segnen heisst auch, selbst in die Knie zu gehen. Das Wort wird sogar beim Kamel, das niederkniet, verwendet. Menschen segnen, sie beten an, sie knien nieder. Weihnachten heisst: Gott segnet, Gott kniet sich nieder zu uns Menschen. Jesus als Kind ist ein lebendiges Gleichnis und eine Erklärung dafür, was Gnade und Segen bedeuten. Der letzte Vers der Weihnachtsgeschichte, nachdem Jesus im Tempel in Jerusalem dargebracht und gesegnet worden war, lautet: *„Das Kindlein aber wuchs und wurde stark, indem es mit Weisheit erfüllt wurde, und die Gnade Gottes war auf ihm"* (Lukas 2, 40 ZüB). Diese Gnade zeigte sich für Jesus zuerst ganz konkret in der Liebe und Zuwendung von Josef und Maria. Durch sie wurde die Gnade Gottes für das Kind früh sichtbar und fassbar.

Wir haben uns nun die Bedeutung von Gnade und Segen vor Augen geführt. Das leitet uns zur Aussage, die hier im Zentrum stehen soll:

„Durch Gottes Gnade aber bin ich, was ich bin" (1. Korintherbrief 15,10 ZüB).

Das sagte ausgerechnet Paulus, diese Kämpfernatur, Paulus, der für die richtige Lehre gekämpft hatte und dabei die ersten Christen verfolgt hatte. Unterdessen hatte er aber erkannt: Alles Kämpfen war umsonst. Zuerst wollte Paulus ein guter Jude sein, alles richtig machen. Gut sein, alles richtig machen wollen – bis heute ist dies das grosse Missverständnis nicht nur im Judentum, auch im Christentum und vielen anderen Religionen. „Wenn ich gut bin, dann hat Gott mich gern. Ja keine Fehler machen, dann bin ich geliebt." Falsch, grundfalsch!

„Durch Gottes Gnade bin ich, was ich bin." Ich bin zum Vornherein geliebt; deshalb kann ich mich selbst sein. Meine Beziehung zu Gott hängt von keiner Leistung ab. Ich muss nur glauben, dass ich geliebt bin, so wie ein Kind an seine Mutter glaubt. Wie es glaubt, dass die Mutter es versorgt mit Nahrung, wenn sie sich zu ihm herabbeugt. Ich muss nur glauben, wie ein Kind an den Vater glaubt, wenn es auf seinen Knien reitet – sogar bei der Stelle im Kindervers „fällt er in den Graben, dann fressen ihn die Raben" ist das Kind gehalten, weiss es: „Der Vater lässt mich nicht wirklich fallen." Es ist mir bewusst, dass nicht alle Kinder dieses positive Vaterbild erfahren durften. Wer keinen Vater hatte oder von negativen Vatererlebnissen geprägt wurde, hat verständlicherweise Mühe, Gott mit dem Vater zu vergleichen. Ausgehend von einer guten Vaterbeziehung führe ich den Gedanken zu Ende: Das Kind glaubt an die Mutter, den Vater, weil es die Zuwendung seiner Eltern so innig erlebt – nicht weil es besonders ‚gläubig' ist.

Das ist Weihnachten: Empfangen dürfen, bekommen, als Geschenk erhalten, was wir zutiefst brauchen: Das Wissen, geliebt zu sein. Du bist wertvoll, einfach so, mit all deinem Strampeln, Trotzen, mit allen Fehlern und Macken, so wie ein Säugling geliebt ist, ob er nun gerade lächelt oder die Windeln voll hat. An der Tatsache, geliebt zu sein, ändert das nichts. Gnade ist ein fester Wert, ist beständig. Ob du gerade viel gebetet hast oder gar nicht. Ob du gerade geduldig reagiert hast oder völlig entnervt. Gnade kommt von aussen, hängt nicht von dir ab. Auch wenn es bei dir drunter und drüber geht, Gnade ist beständig.

Der Gottesname JHWH wird bei Mose gefüllt mit: *Ich bin, der ich bin*. (2. Mose 3, 14 ZüB). Einige übersetzen: Ich bin, der ich sein werde. Oder: Ich bleibe, der ich bin, oder gemäss 2. Mose 33, 19 (ZüB): *„Wem ich gnädig bin, dem bin ich gnädig."* Das ist der Ausdruck absoluter Beständigkeit, früher, jetzt, für immer, unverbrüchlich. Das ist der heilige Name Gottes im ganzen Alten Testament und auch zur Zeit Jesus und bis heute ist es im jüdischen Volk der heilige Name Gottes, der nicht einmal ausgesprochen werden darf, damit er nicht missbraucht werden kann. Ich bin, der ich bin. Da braucht es keine Rechtfertigungen und keine Erklärungen. In der Geburt von Jesus Christus legte Gott seinen Namen auf jeden und jede von uns, auf uns Menschen. Durch seine Gnade bin auch ich, was ich bin. Ich muss mich nicht mehr rechtfertigen. Durch sein Geschenk bin ich, was ich bin, es ist gut so. Gottes Beständigkeit färbt sich ab auf uns kleine Menschen.

Nochmals: *„Das Kindlein aber wuchs und wurde stark, indem es mit Weisheit erfüllt wurde, und die Gnade Gottes war auf ihm"* (Lukas 2, 40 ZüB).

Die Gnade Gottes über ihm, so konnte er stark werden. Gott traute ihm zu, dass er stark wird. Gott traut seinen Kindern zu, dass sie stark werden. Gnade, das ist der Grundton des Lebens. So werden wir dankbar. Nicht die grossen Taten zählen. Aber die Tatsache, dass uns jemand Grosses zutraut, kann durchaus zu grossen Taten anspornen.

Verstehen wir die Gnade als Klammer des Lebens: Als Kinder waren wir ganz auf Gnade und Zuwendung angewiesen. Im Alter und im Sterben ist es auch so: Wir beugen uns über Sterbende. Gott beugt sich über Sterbende. Gott umfasst Sterbende mit seiner Gnade. Durch Gottes Gnade bin ich, was ich bin. Bei Sterbenden ist das ergreifend: Gnade, Friede, Ruhe können sichtbar, greifbar werden, durchfluten dann auch das Leben der Begleitenden.

In der Weihnachtsgeschichte war es der alte Simeon, von dem es heisst: *„(...) und er wartete auf den Trost Israels."* Als Jesu Eltern ihr Kind in den Tempel brachten, um es Gott zu weihen, da nahm Simeon *„es auf die Arme und pries Gott und sprach: Jetzt lässest du deinen Knecht, o Herr, nach deinem Wort in Frieden dahingehen; denn meine Augen haben dein Heil gesehen (...)"* (Lukas 2, 25 + 28-30 ZüB).

Am Ende zählt Eines: In Frieden gehen zu können. Versöhnt. Geborgen in der Gnade, im Wissen, geliebt und angenommen zu sein.

Jesus zu sehen, das ist die Vollendung der Gnade. Wenn Menschen im Sterben plötzlich Frieden ausstrahlen, wenn jahrelange Verbitterung sich in

Frieden auflöst, dann ist das Gnade. Wir haben es in der Familie in den letzten Jahren mehrmals miterlebt, die unbeschreibliche Gnade, die Gott Sterbenden gewähren kann. Das ist, was am Ende bleibt. Es kommt dann nicht darauf an, was wir geleistet haben. Es kommt darauf an, dass Gott gnädig ist. Deshalb: Am Ende bleibt, was am Anfang war, was mit der Geburt von Jesus sichtbar wurde. Die Gnade Gottes, das Geschenk, dass er uns annimmt ohne Wenn und Aber. Dieses Versprechen gab er uns in der Gestalt seines Sohnes. Deshalb feiern wir Weihnachten.

„*Der Herr segne dich und behüte dich! Der Herr lasse sein Angesicht über dir leuchten und sei dir gnädig! Der Herr erhebe sein Angesicht auf dich und gebe dir Frieden* “ (4. Mose 6, 24-26 ZüB)!

Amen.

Die Nachtflöte (Ein Märchen)

Das Haus steht auf der sonnigsten Wiese am Rand eines dichten, geheimnisvollen Waldes. Es ist umgeben von Bäumen, die das ganze Jahr Frucht tragen. Vor dem Haus sitzt die Mutter mit ihrem kleinen Sohn. Das Kind wird mit Milch und Honig grossgezogen, es darf von den saftigen Früchten des Gartens essen, wenn auch immer es den Appetit dazu verspürt. Die gütige Mutter umsorgt das Kind so liebevoll.

Wenn jeweils die Sonne zum Abschied ihre roten Strahlen durch die Baumkronen zwinkern lässt, um der erfrischenden Nacht Platz zu machen, liegt der Sohn häufig neben seiner Mutter auf der Wiese im weichen grünen Teppich. Sie begrüssen gemeinsam die Sterne. Wenn sie beide tief glücklich sind, spielt die Mutter auf ihrer Flöte. Sie spielt ihr Lied, ihr gemeinsames Lied. Still kehren die beiden dann heim ins Haus mit seinen hellen Fenstern.

Nur selten hört man nachts die Schreie der wilden Tiere im dunkeln Wald. Dann legt die Mutter ihrem Sohn die Hand auf den Kopf und flüstert: „In den Wald sollst du nie gehen. Der Wald ist dicht. Die wilden Tiere zerreissen die Menschen. Gehe nicht in den Wald.“ Der Junge wächst heran, er spürt seine Stärke, die Kraft seiner Muskeln. Abends bleibt er oft noch länger draussen auf der Wiese liegen. Auch wenn das Spiel der Flöte schon lange verklungen ist, trinken seine Augen noch lange die Melodien der Sterne. Er fühlt, dass es noch andere Musik gibt als die der Flöte. Er ahnt ein dumpfes Rauschen im Wald, sprödes Knacken von toten Ästen und wilde Schreie, die ihn anziehen.

In einer warmen Nacht steht er auf, will in das Haus zurückkehren, wird aber zum Waldrand hingezogen. Die Worte der Mutter scheinen in weite Ferne gerückt. Früher, als Kind, hatte er nicht in den Wald gehen dürfen, aber jetzt? Ohne einen Blick zurückzuwerfen, dringt der Jüngling ein in das Dickicht. Zutiefst fasziniert ihn die absolute Dunkelheit, die es ihm erlaubt, in ihr zu verschwinden. Er wird eins mit den krachenden Ästen und atmet die faulige Luft der modrigen Erde ein, so tief er nur kann. Lange geht er, kriecht er, befreit er sich aus den Umarmungen von Dornenranken.

Noch nimmt sein Abenteuer ihn völlig gefangen, als ein trüber Lichtschimmer ankündet, dass weit oben, über den Kronen der dichten, schwarz-grünen Bäume, der Tag angebrochen sein muss. Mehr als das von unzähligen Blättern gebrochene Zwielicht vermag den Waldboden nicht zu erreichen. Schleichend überfällt den Jüngling Heimweh nach klarem Sonnenlicht, nach süssen Früchten, nach hellen Fenstern und nach der Stimme der Mutter. Er sucht den Weg zurück. Aber kein Stern kann ihm nachts den Weg weisen. Er ist gefangen im mächtigen Gitterwerk des Waldes.

Nach Tagen, Wochen, hört der junge Mann auf, den Heimweg zu suchen. Er gewöhnt sich an den Wald. Abends entfacht er jeweils ein Feuer, wie ihn seine Mutter vor langer Zeit gelehrt hat. Das Feuer hält die Tiere fern. Tagsüber sammelt er Holz und Beeren, tagsüber kann er es auch wagen, in der schützenden Astverzweigung eines Baumes zu schlafen. Nach Jahren, Jahre müssen es sein, erinnert er sich nur noch schwach an den Garten. Er ist nicht einmal sicher, ob der Garten mit dem Haus ein Traum sei oder Wirklichkeit.

Da begegnet er einem anderen Menschen, einem Mädchen, das ebenfalls dem Wald verfallen ist. Beide finden nun mehr Ruhe, weil sie nachts abwechselnd schlafen und das Feuer nähren können. Sie helfen und lieben einander und werden Mann und Frau. Zwei Kinder bekommt das Paar, ein Mädchen und wenige Jahre später einen kleinen Jungen. Abends erzählt der junge Vater seiner Tochter manchmal vom warmen Haus, von der Sonne und den Sternen, von der Flöte. Die Eltern lächeln sich dann zu, als hätten sie soeben eine besonders schöne Geschichte ersonnen.

Zehnmal ist es im Leben des Mädchens Winter und Sommer geworden, da darf sie alleine wach bleiben, um das Feuer zu nähren. Sie ist glücklich, schon so gross zu sein und starrt mit ihren glasklaren Augen in die zuckenden Flammen. Jetzt lebt sie nur durch die Augen. Dann lehnt sie sich zurück und schliesst ihre Augenlider, um ganz durch die Ohren zu leben. Sie lauscht – und erhebt plötzlich ihre Hände, als wolle sie etwas greifen in der Luft, sie lächelt, sie hört.

Am nächsten Morgen erzählt sie ihren Eltern, sie habe Musik gehört, etwas ganz Neues, anders als das schwere Orchester des Waldes, anders als die klagenden Tierschreie. Müde schüttelt der Vater den Kopf. „Lange genug habe ich gemeint, diese Musik zu hören. Ich weiss jetzt, dass es sie nicht mehr gibt – wohl hat es sie gar nie gegeben. Du hast geträumt, mein Kind." Nach einer Woche wacht die Tochter wieder alleine. Sie hat im

Laufe des Tages viel Holz bereit gelegt. So kauert sie lauschend beim Feuer. Jetzt hört sie es immer deutlicher. Wieder erheben sich wiegend ihre Arme, ihre Finger greifen zärtlich in die Luft, der Körper muss ihnen folgen. Ihr Gehör saugt die Musik ein, ihr ganzes Sein wird davon erfüllt. So strebt sie zielbewusst in eine Richtung, dorthin, woher das Flötenspiel erklingt.

Plötzlich steht sie geblendet da, über ihr ein Dach, das von weissen Lichtern glüht. Vor ihr sitzt die alte Frau mit der Nachtflöte. Sie breitet ihre Arme aus und gibt dem Mädchen die Geborgenheit einer Grossmutter. Erst als ein unerträglich hell scheinendes Licht die Sterne verblassen lässt, schickt die alte Mutter ihre Enkelin zurück in den Wald. „Nimm diese Frucht, bringe sie deiner Familie. Du wirst den Weg finden." Als das Kind später erzählen will, was es erlebt hat, glauben ihm die Eltern nicht. „Du hast wieder geträumt, anstatt zum Feuer zu schauen." So zeigt sie die Frucht nur ihrem kleinen Bruder, denn er glaubt ihr.

Bei ihren nächsten Nachtwachen wartet das Mädchen vergeblich auf die Musik. Erst nach langen Wochen, als sie gar nicht daran denkt, spürt sie im Halbschlaf die Töne wieder. Die Eltern, welche in dieser Nacht abwechselnd das Feuer hüten, sind gerade kurz eingedöst. Das Mädchen steht erstaunt auf, zögert, geht, läuft. Solange sie der Nachtflöte folgt, kann kein Tier ihr etwas anhaben. Sie ist geborgen in den Armen der Grossmutter, sie geniesst die Früchte des Gartens, erforscht die Sternenwelt mit ihren Augen. Wieder kehrt das Kind mühelos zur Familie zurück.

Doch wie erschrickt das Mädchen, als es die Eltern jämmerlich schluchzend antrifft bei seiner Rückkehr. Das Feuer ist erloschen; wilde Tiere haben den kleinen Bruder getötet. Dumpfe Verzweiflung würgt sie. Dass ihr Bruder nicht mehr da ist, kann sie noch nicht fassen, aber sie spürt den unermesslichen Schmerz und die Selbstvorwürfe ihrer weinenden Eltern. Obwohl alle drei in der nächsten Nacht wach bleiben wollen, fallen die Eltern in unruhigen Schlaf. Der Schein des grossen Feuers huscht über ihre Körper.

Da, schon wieder erklingt die Nachtflöte. Wütend will die Tochter sich die Ohren zuhalten. Sie meint sie zu hassen, diese Nachtflöte, welche sie von ihrem Bruder weggerufen hat. Ihre Beine aber biegen und strecken sich, gehen vorwärts, sie muss laufen, sie schreit aus tiefster Seele, während sie mit stampfenden Schritten dem Waldrand zustrebt. Der alten Frau will sie alles klagen, will ihr den sinnlosen Tod ihres Bruders vorwerfen. Die Grossmutter nickt, legt dem Mädchen beide Hände auf die Schultern und dreht es dem Hause zu. Dort sitzt in einem hellen Fenster – der kleine Bruder. Er wirkt glücklicher und schöner als je zuvor. Das Mädchen will sich losreissen, ins Haus eilen; die alte Frau aber hält es fest.

„Warte, mein Kind, noch ist die Zeit für dich nicht gekommen. Du hast einen Auftrag. Du wirst deinen Bruder später in die Arme schliessen können. Er bleibt bei mir – er hat dir geglaubt. Jetzt aber gehe zurück in den Wald. Bringe deinen Eltern noch mehr Früchte aus meinem Garten. Erzähle ihnen vom Haus, in dem es viele Wohnungen hat. Erzähle ihnen von den Sternen und von der Wiese. Bringe sie hierher, bringe sie zu mir. Sie sehnen sich nach dem Licht. Höre auf die Nachtflöte. Nicht jede Nacht erklingt sie. Höre geduldig, dann folge ihrem Spiel.“

Bibelstellenregister

Die Bibelzitate sind zumeist der Zürcher Bibel (Ausgabe 1931) entnommen. Der Abdruck erfolgt mit freundlicher Genehmigung des Theologischen Verlags Zürich. Diese Bibelzitate sind mit „ZüB“ gekennzeichnet.

Namensregister biblischer Personen

Lyrikverzeichnis

Printed by Books on Demand GmbH, Norderstedt / Germany